Cartas al Silencio

ABSALÓN YOUNG

Cartas al Silencio
Título Original en Español: Cartas al Silencio

Primera edición, 2020

© Absalon Young

www.absalonyoung.com

Editado por: María Vergara,
Diseño de portada: © Danny González
Fotografía de portada y contraportada: www. pxhere.com

ISBN-13: 979-8625980395

Reservados todos los derechos. No se permite la reproducción total o parcial de esta obra, ni su incorporación a un sistema informático, ni su transmisión en cualquier forma o por cualquier medio (electrónico, mecánico, fotocopia, grabación u otros) sin autorización previa y por escrito de los titulares del *copyright**. La infracción de dichos derechos puede constituir un delito contra la propiedad intelectual.

*Esta versión tiene permiso de los titulares del *copyright* para imprimirse únicamente bajo demanda en la plataforma de Amazon.

Panamá, República de Panamá.

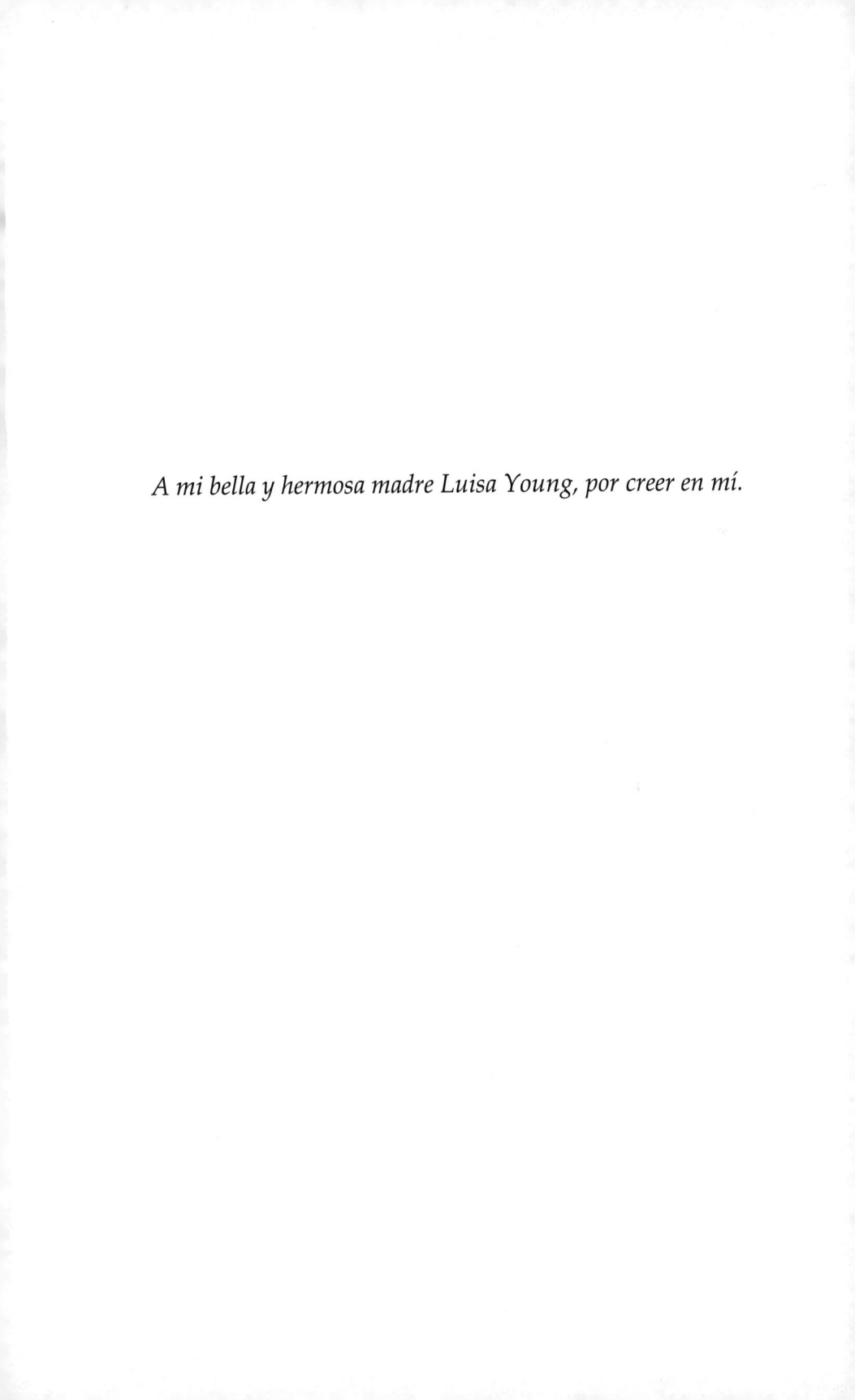

A mi bella y hermosa madre Luisa Young, por creer en mí.

A mi padre José González, por ser valiente y permitirme compartir nuestras vivencias.

YO SOY un caballero, y solo hablo cuando tú haces silencio.

Dios

Detalles técnicos:

He querido compartir contigo la música que me acompañó mientras escribía este libro, con la esperanza de crear una experiencia única en ti, porque para mí eres más que un lector, eres mi confidente.

Verás un código QR al inicio de algunos capítulos, y también acompañando las contemplaciones y los ejercicios espirituales. Este código contiene un *playlist* con las canciones que te conducirán al encuentro con el silencio, y te permitirán experimentar la profundidad de las contemplaciones descritas en este relato. Para tal fin, tendrás que escanear el código QR con tu teléfono móvil, abrir el link, y esto te llevará a una lista de reproducción en *Spotify*, la cual ha sido creada con la finalidad de despertar en ti las mismas emociones que experimenté con estas vivencias. Las canciones son instrumentales seleccionados según la narrativa que vas leyendo, si lo que lees es triste, así mismo las canciones son nostálgicas, si lo que lees es alegre, así mismo la música. La duración de cada lista de reproducción te permite escuchar la música hasta que encuentres el próximo código. Espero lo disfrutes tanto como yo.

Deberás descargar el lector de códigos QR y Spotify de la tienda de aplicaciones de tu teléfono móvil.

Plataforma utilizada:	**Spotify**
Velocidad de lectura recomendada:	**130 ppm**
Tiempo estimado de lectura:	**8.8 horas**
Audífonos recomendados:	**In ears**

Prueba con este código QR y disfruta del prólogo.

Prólogo

Silencio.

Con certeza el lenguaje de Dios.

Todos, alguna vez, nos hemos planteado la gran interrogante existencial: ¿Para qué existo?

Esta búsqueda demarca el rumbo de nuestra existencia, la cual muchas veces es confusa, no por decisión propia, sino por las circunstancias. ¿Cuál es la diferencia entre quien encuentra la respuesta y aquel que se mantiene en la encrucijada? El silencio.

Te quiero contar una historia real de conversión de alguien que creía amar a Dios, alguien que buscó tantas respuestas en lugares equivocados, alguien que siempre quiso escuchar la voz del Creador, alguien que tuvo que perder su corazón para encontrarlo, alguien que ha sufrido como tú, que ha llorado como tú, que ha dudado como tú, que ha tenido miedos y ha vivido múltiples fracasos, uno que estaba reventado por las derrotas, cansado de disimular, que pretendía ser fuerte en medio del dolor, alguien que intentaba huir de la soledad, un sordo ahogado en el ruido de sus pensamientos, buscando la misma respuesta que tú buscas, alguien que necesitaba el silencio; te quiero contar mi historia.

Comenzó con un deseo en mi corazón, como unas ganas inexplicables por el silencio. Me encontraba arrodillado frente al Santísimo, mirándole fijamente, tratando de descargar el dolor de mi corazón destrozado luego del rompimiento de un compromiso con la persona que pensaba sería mi compañera de vida, el mayor anhelo de mi corazón. Además, estaba atosigado por los compromisos financieros, casi 70 mil dólares en deudas que incluían ocho tarjetas de crédito. Sí, leíste bien, eran ocho. Abrumado por el fracaso de dos compañías que había fundado con el anhelo de tener algún respiro en mi economía, ninguna de las propuestas de negocio había resultado y, por si fuera poco, al cabo de unos meses de haberlas fundado, tuve que pagar impuestos a pesar de no haber percibido ingreso alguno. Estaba derrotado.

En ese momento de máxima aflicción, aún en la penumbra de mis pensamientos atormentadores, Jesús habló a mi corazón:

—Silencio.

Fue todo lo que dijo. Comprendí que Cristo me pedía callar el ruido para aprender a escuchar. A partir de ese momento, me dediqué a buscar la forma de hacer silencio.

Era como una obsesión, buscaba sin cansancio un retiro de silencio. Investigaba en mi tiempo libre y me quedaba en la oficina hasta altas horas de la noche leyendo acerca del silencio. Rebuscaba una y otra vez en diferentes cuentas de *Instagram*, algún lugar donde ofrecieran un retiro de este tipo. Incluso contemplé la opción de irme a otro país, donde había leído que muchas personas experimentaban esta quietud.

No encontré lo que buscaba, un retiro de silencio en mi país, así que tomé la decisión de diseñarlo. Comencé a leer acerca de la estructura de otros retiros de silencio para tomar ideas. Después de unos meses de investigación, logré estructurar un formato de retiro: 15 días de silencio.

El mismo incluía algunos de los ejercicios espirituales que aprendí del libro "Ejercicios Espirituales" de San Ignacio de Loyola. También, haría unas oraciones matutinas, rosarios, lectura de la Biblia, visualizaciones, ejercicio físico, tiempos de meditación y reflexión, descanso y un programa de alimentación.

Decidí dividir el retiro en dos, 8 días de completo aislamiento, para lo cual iría a un lugar de retiro y realizaría el programa definido con anterioridad. Luego, pasaría 7 días en mi vida cotidiana, trabajando en mis proyectos personales que tenía pausados, pero también en silencio, con la finalidad de aprender a mantener el silencio en el ruido del mundo. Por cuestiones prácticas, había pedido 15 días de vacaciones en mi lugar de trabajo para dedicarme de lleno a este retiro.

Durante los 15 días de completa solitud, no podía hablar, ni cantar, ni escuchar música. Tampoco tendría acceso a ninguna red social ni al teléfono celular. De hecho, desconecté los datos móviles. Estaría en total silencio. Solo podía leer, escribir y escuchar el silencio. Ya tenía el retiro.

Un día, cuando menos lo esperé, llegó un anuncio publicitario a mi cuenta de *Instagram*. Era una villa de retiro ubicada a 25 minutos de donde vivo. Busco en las fotos que habían posteado, y una publicación llama poderosamente mi atención, un letrero con una sola palabra escrita: Silencio. Al instante sentí la conexión y les escribí para visitar el lugar.

Al llegar, fue como un amor a primera vista. Imaginé todo lo que podía hacer en los espacios que allí había, desde un sendero que recorría la villa adornada con un hermoso jardín, una casita en el árbol, habitaciones temáticas, una cascada, era maravilloso. Coordiné con la administradora, cuadramos el precio y la fecha de la estadía. Ya tenía el lugar.

Entre estas líneas encontrarás el relato de lo que viví en los 8 días de retiro, un capítulo por día. Durante estos días que estuve en silencio, Dios me condujo hacia una transformación interior, y mientras lo hacía, yo le escribía cartas. Él me pidió que compartiera contigo estas cartas donde podrás leer las conversaciones que teníamos acerca del corazón del hombre, entre otras revelaciones que el Padre bueno me permitió conocer, y que también las comparto. Estas cartas son mi experiencia de conversión, la conversión del corazón.

El último capítulo, el día 9, narra lo que viví en los siguientes 7 días que me dediqué a trabajar en mis proyectos personales. Además, he incluido los *principios del corazón* que el Padre me pidió que te compartiera. Estos fueron revelados durante los meses posteriores al retiro en los que me dediqué a escribir esta obra. Este es un libro escrito para tu corazón.

Antes de comenzar esta aventura, te quiero pedir que tomes en cuenta que Dios me preparó durante tres años para este retiro, aunque yo lo desconocía. Por tanto, quisiera pedirte que, antes de comenzar a leer este libro, te comprometas a no realizar ninguno de los ejercicios espirituales que aquí se mencionan. Debes tener un guía para realizarlos, yo me atreví a hacerlos solo porque estoy loco, mas deben ser guiados y corresponde tener una preparación para realizarlos. Yo realizaba una oración de protección antes de iniciar cada ejercicio y también al terminar. Al mismo tiempo, había muchas personas orando por mí mientras realizaba el retiro. Recuerda que el enemigo acecha, no vaya a ser que quiera molestarte y logre confundirte con sus mentiras.

Escribí este libro con el único propósito de que se despierte en tu corazón la llama del amor incondicional, además de un deseo apasionado por amar a los demás, y así aliviar un poco el dolor que sufrió mi amado Cristo. Si quieres hacer lo mismo, acompáñame en esta historia real de conversión y sanación interior.

| Día 1 |

Llegada.

Abro mis ojos muy temprano en la mañana y estoy ansioso, a la expectativa de qué sucederá. Hoy es el día, hoy comienzo mi retiro de silencio. Estoy dispuesto a librar la batalla más difícil para el hombre, la batalla de la mente. Mientras me coloco la ropa, voy pensando en todo a lo que renuncio durante estos 8 días que estaré fuera de mi cotidianidad. Siento algo de nostalgia, pues hoy no cantaré en la misa con mis muchachos, mas mi corazón, por alguna extraña razón, palpita acelerado, creo que está emocionado.

Enciendo mi auto y me dispongo a ir a la Eucaristía de las 10:00 am en la parroquia donde me congrego, pues mi retiro comienza a la 1:00 pm, y me gustaría comenzar con una acción de gracias. Mientras conduzco, voy escuchando mi *playlist*, pensando en cuánto extrañaré la música durante este tiempo de silencio, pues no voy a hablar, ni escuchar música, tampoco tendré acceso a redes sociales, ni al celular, nada, completamente solo y en silencio.

De pronto, me encuentro sentado en una silla ubicada en el centro del templo y mi mirada está clavada en ese Cristo crucificado que da la impresión que me estuviese observando. Pienso:

—¿Cómo soportaste tanto? Sé que fue por amor, pero ¿Cómo lo lograste?

Termina la misa y me dirijo al auto, ya es hora de partir a mi retiro. Voy conduciendo con tranquilidad, mas la ansiedad va invadiendo mi corazón otra vez, la soledad y el silencio me intrigan.

| Día 1 |

Llego al lugar donde realizaré este retiro y en la puerta de entrada me está esperando la administradora, se llama Maritza.

—Buenas tardes Maritza, muchas gracias por recibirme —le dije.

—!Ay Danny! Qué gusto que hayas llegado bien. ¡Bienvenido a Dei Gloriam! —y me dio un cálido abrazo de bienvenida. Es una joven misionera muy atenta y cordial, vale oro.

—Me gustaría que me mostraras la villa para identificar los lugares donde voy a realizar mis actividades, para luego conversar y así podamos coordinar ciertas cosas antes de que entre en mi silencio, que será a partir de las 3:00 pm.

—Por supuesto, lo que tú digas. Sígueme por aquí —y procedió a mostrarme la villa.

Es un lugar hermoso debo decir. Tiene un jardín que pareciese diseño de un arquitecto de exteriores, y está muy bien cuidado. Se puede recorrer por un camino de piedras, el cual comunica toda la villa. Sigo caminando por aquel enorme lugar y de pronto veo una pequeña cascada, me detengo un momento.

—Puedes meterte si gustas —dijo Maritza. Pensé que tal vez en otro momento, pues no soy aficionado a este tipo de actividades.

—También puedes usar el trampolín que está del otro lado, yo lo he usado y es muy divertido —agregó.

—Nunca he montado un trampolín —respondí. Y pensé que yo tampoco era apegado a estos juegos. Me causó gracia que ella lo hubiese utilizado.

Continuamos el recorrido y el lugar cada vez se me hacía más acogedor y mágico. Pero cuando llegamos a la capilla se me alegró el corazón.

—Aquí será el lugar de mis encuentros —pensé. En el momento sentí una conexión con ese lugar, no sé por qué.

Por último, llegamos a la habitación que habían preparado para mí, y quedé impresionado, era muy acogedora.

Día 1

—Esta es estilo Bali —dijo Maritza mientras me mostraba todo el cuarto.

Nos sentamos en una mesa que se encuentra en el balcón frente a la recámara, y conversamos del horario que yo había preparado para mis actividades. Cuadramos hora de comidas, de una fogata que quería hacer, unos ejercicios espirituales, cuestionamientos, contemplaciones y la misa del domingo. Le comenté que el retiro sería en total silencio.

— ¿Le podrías comentar a las personas que trabajan aquí que estaré en total silencio? Así, no vayan a pensar que no les quiero hablar, mas es por mi retiro de silencio que no hablaré.

—Está bien, yo les diré —respondió Maritza. Y agregó:

—Oye, sabes que me parece interesante que harás los cuestionamientos. Hay veces que la mente bloquea recuerdos y uno tiene que pedirle a los familiares que le recuerden. Por ejemplo, yo tengo pocos recuerdos de mi infancia y he tenido que preguntarle a mi mamá varias cosas de mi niñez.

— ¿En serio? A mí me pasa igual —contesté.

—Pues sí. También me parece interesante que vas a hacer *Lectio Divina*, pero me parece raro que no hables. ¿Sabes qué me ayuda a interiorizar lo que he leído?

— ¿Qué cosa? —pregunté.

—Escribir. Cuando escribes tu cerebro internaliza lo que acabas de leer porque agregas una actividad motora, y el aprendizaje es más completo. Yo siempre comienzo escribiendo algo como: "Amado Señor, hoy he venido…" y así me voy inspirando.

—Me parece una excelente idea —contesté. Pensé en decirle que yo soy escritor, mas decidí no hacerlo para no parecer creído.

Y fue así como nació la idea de escribir cartas a Dios durante mi retiro de silencio. Gracias a Maritza, que fue el instrumento que Dios utilizó para inspirar a este escritor al que no hay que darle mucha cuerda cuando de escribir se trata.

| Día 1 |

Se hacen las 3:00 pm y comienza mi silencio. Me dispongo a acomodar mis cosas en el cuarto y preparo mis libros, mi Biblia, mi libreta de anotaciones, mi computadora donde tengo el esquema del programa, básicamente todo lo que utilizaré los próximos días.

Caigo en cuenta de que me encuentro solo y en silencio. Me siento ansioso, pues yo siempre estoy haciendo algo. Así que me dispongo a revisar y repasar todos los momentos del retiro para tenerlos bastante claros y así aprovechar el tiempo al máximo. En verdad no quiero dar espacio al ocio, además estoy convencido que luchar contra mi mente será una experiencia única. Me siento preparado, mas algo afanoso por experimentar esto de "conquistar tu mente."

Me percato que nunca he estado en silencio, me siento extraño. Reviso mi celular y no hay un solo mensaje, pues desactivé mis datos móviles para evitar la tentación de contestar algún mensaje de *WhatsApp*, o ver alguna actualización en *Instagram*, o algún correo de mis cuentas de *Gmail*. Nada de comunicación con el mundo exterior en absoluto. Allí estoy, solo y en silencio de verdad. Dejo el celular a un lado y comienzo a leer mi Biblia mientras se hace la hora de la cena.

Y aquí comienzan las cartas.

Cena. Día 1.

—Amado Padre, hoy me has traído a este bello lugar escogido por ti llamado Dei Gloriam, que significa "Gloria de Dios". Pensé que venía a la batalla inmediata, me preparé y traje mis armas, mas tú, como siempre, me sorprendiste. Me trataste como un rey. En vez de llevarme al campo de batalla me llevaste a tus aposentos, me ofreciste un banquete que al instante, al verlo, sabía que no lo merecía por todo cuánto hice que me alejó de ti, mas tú hoy me recibiste como al hijo pródigo. Estas personas me están tratando de maravilla. Me hiciste merecedor de esta gracia, no por mérito propio, sino por ser tu hijo. Me sentí abrumado. Hinchas mi corazón con estos detalles.

| Día 1 |

Mientras estoy aquí sentado pienso en qué otras sorpresas tendrás para mí durante este tiempo de silencio. Estoy algo ansioso, pues nunca antes me había dado la oportunidad de estar en silencio. Por alguna extraña razón siento esta necesidad en mi corazón. Sé que todo estará bien.

Terminé mi deliciosa cena. Recuerdo haber pensado que ellos debían tener un chef, pues el plato era muy original y a mi gusto. Al terminar me dirijo a la capilla a contemplar un rato antes de ir a hacer mis oraciones.

En la Capilla.

—Aquí estoy mi Señor, contemplándote. En estos momentos mis muchachos de JP2 deben haber terminado de alabarte. Quisiera cantarte, mas sabes que estoy haciendo un voto de silencio para encontrar tu paz, para conectarme contigo.

Y fue allí cuando diste inicio a esta maravillosa experiencia de conversión. Siempre Tú dando el primer paso. Hablaste:

—Cántame, cántame con tu corazón.

Quedé muy sorprendido, pues nunca antes había podido distinguir tu voz de la voz de mi conciencia. Mas ahora era tan clara que me costaba creerlo, pues tienes un tono de voz diferente al mío, es más profunda, es cálida y abrazadora.

—Oh Padre bueno, me has pedido que te cante con mi corazón, y ha sido una experiencia única. Cierro mis ojos y te canto, estoy tocando mi guitarra, puedo sentir mis dedos pisando las cuerdas para formar los acordes, mientras voy cantando aquella canción que compuse para ti "Tuyo Soy". Allí, en tu presencia, en medio del silencio, esta vez la música salió del lugar donde está mi tesoro, mi corazón. Al terminar de cantar, percibí que una lágrima recorría mi mejilla, resultante de la emoción que sentía al haber tocado música para ti, música desde la afonía de mi corazón. Nunca había cantado en silencio, debo decir que fue extraordinario.

Día 1

Al terminar, fui a mi cuarto a realizar mis oraciones. Alisté todo para el día siguiente; el rosario, la Biblia, mi libreta de anotaciones, la computadora con el programa, y me dispuse a descansar.

Primera Batalla

Tarde en la noche, sin esperarlo, comenzó la cruzada, libré mi primera batalla. Estando dormido, sentí que una fuerza extraña me amordazó el cuerpo, y me hizo presión, lo cual me despertó. A pesar de estar consciente, no podía moverme, ni siquiera pude abrir los ojos. Comencé a orar y olvidé mi oración. Luego recordé que mi madre me había enseñado que, cuando algo así me pasara, debía invocar la Gloria de Dios. Hice caso. Invoqué la Gloria de Dios, al instante sentí que la fuerza cedió, y con un impulso mayor, logré levantarme, me coloqué de rodillas y adoré. Y escuché, vívidamente debo decir, un coro de ángeles cantando y tocando para el Señor, y nuestra adoración se hizo una. Dios me libró. No tuve miedo en ningún momento, mas permanecí confiado. Me rescataste y alabé tu nombre. Para alabanza y gloria tuya mi Dios.

Día 2

Me despierto a las 7:00 am como tenía planeado. Hago mis oraciones matutinas y leo la Biblia. El silencio es extraño, mas hay algo en él que me cautiva, y aún no descubro qué es. Procedo a hacer el rosario mientras recorro la villa, voy sintiendo una tranquilidad que hacía mucho tiempo no experimentaba. Me siento en una banca ubicada debajo de un pequeño árbol mientras voy terminando de rezar. Observo aquel árbol con detenimiento, y recuerdo el "Árbol de la Luz" que cuento en "Passaggio", pues tenía un agujero parecido al que describí. Se me hace raro. Termino de rezar y me dirijo a la casa donde preparan el desayuno.

Mientras voy caminando me topo con el Sr. Chang, el dueño de la Villa. Él, cortés como siempre, me saluda muy contento:

—¡Buenos días muchacho! —. Yo le saludo al estilo japonés, juntando las manos y bajando la cabeza en señal de respeto. Me causa mucha gracia como, con una dulzura celestial, es reprendido por su esposa, la Sra. Leida, quien le dice:

—Así no, que está en silencio. Tienes que hacerle así —mientras mueve sus manos como saludando. Fue una escena tierna.

Llego a la salita donde me sirven las comidas y allí está el banquete. Mientras desayuno, voy pensando como estas personas que no me conocen me tratan con tanto cariño y respeto, y aquí comenzaron tus revelaciones, hablaste:

Desayuno. Día 2.

—Hijo mío, nadie da lo que no tiene, y solo dando es que se tiene. Es decir, si quieres paz, siembra paz, si quieres amor, siembra amor, si quieres ser feliz, haz feliz a los demás, si quieres consuelo,

7

consuela, pues ya todo está dentro de ti, en tu corazón. Dentro de ti he puesto todo lo que te hace feliz, es decir, que depende de ti serlo. El no comprender esto es lo que te confunde y te hace pensar que tienes que buscar estas cosas fuera de ti, cuando más bien debes serlas. Cuando esto sucede, tu corazón se contamina de sentimientos y actitudes que lo apartan de la felicidad.

Entre los peores están la soberbia, el orgullo y la necedad, que son nefastos para el corazón, lo enferman, al punto en que se vive con miedo, con mal humor, preocupado, en una angustia, en una duda e incertidumbre de nunca acabar, esas son las enfermedades del corazón, se notan en el rostro, todas te impiden florecer, justo lo que quiere el enemigo. Un corazón que florece con hermosura propia es un corazón que me lleva dentro, un corazón que se deleita al escucharme en el silencio, que no pretende, sino que me deja ser dentro de él. Cuando esto sucede, es allí donde crece mi amor que transforma —. Me sorprendió la claridad de tu voz, me emocioné tanto de escucharte y te respondí:

—Oh mi amado Señor, cuánto me perdí de ti por huir del silencio. El ruido de mi mente y mis pensamientos me impedían escucharte, tampoco a mis seres amados, ni a mi corazón. Llevé una vida pretendiendo ser alguien para que los demás me admiraran, buscando reconocimiento. Ansiaba que hablaran bien de mí. Cuán equivocado estaba. Hoy me muestras que la hermosura de mi ser no está en pretender ser reconocido, sino en reconocerte a ti, en saber que tú, Dios creador del Universo, Padre de todo lo creado, Tú, Hashem, habitas en mí, y tu naturaleza, tu esencia inmutable que transforma al ser humano, el amor, vive en mí. Esa es mi hermosura, Tú en mí —. Y rompí en llanto.

Termino el desayuno y me dispongo a realizar la primera contemplación de este retiro. Estos ejercicios se basan en leer un pasaje de la Biblia con detenimiento. Luego debes cerrar los ojos y visualizarlo involucrando los sentidos; esto lo hace muy real y vívido.

| Día 2 |

Primera Contemplación: **La Pasión de Cristo.** (Mateo 26 al 28)

—Oh mi Cristo, te he contemplado en tu Pasión. Cuánto dolor, cuánta injusticia, mi corazón no ha parado de resquebrajarse. Te veo allí en el Huerto de los Olivos, estás angustiado, llorando copiosamente, peor que yo en mis peores angustias. Se me partió el corazón al verte postrado con la cabeza en el suelo pidiendo al padre apartase de ti esa copa, oigo tu clamor y tu llanto, veo como se mezclan tus lágrimas con tus mocos, con el polvo, con tu sudor sangriento y huele a muerte, a traición.

Trato de escuchar qué te dice el Ángel que bajó a consolarte, mas no pude oírlo. Al verte levantar, sacudirte el polvo, limpiar tu rostro con tu manto y decir "Ya es hora" comprendo lo que es el carácter de un hombre, de un Hijo de Dios. Te veo caminar hacia el lugar donde Judas te entregará, mi corazón late rápido, quiero advertirte, mas sé que sabes lo que te espera. Me sorprendo de sobremanera al ver cómo saludas a Judas, le dices "Amigo", mientras él te besa la mejilla. Veo tu rostro y te duele, es un dolor diferente, es el dolor de tu corazón, lo veo en tus ojos que están brillosos, te duele ese beso frío, el beso de la traición, el beso que selló tu misión. Al instante, veo como los guardias arremeten contra ti, comienzan a golpearte en la espalda con palos, como si fueras un ladrón, y siento la injusticia encarnarse en aquel momento. Te apresan. En tus ojos hay una mezcla de convicción y profundo dolor. Mientras te van empujando aquellos soldados, te veo mirar hacia atrás con nostalgia en la mirada, porque vas viendo cómo huyen tus discípulos y te abandonan. Me miras mi Jesús, y clavas en mí tus ojos con esa misma nostalgia, y pienso que tal vez yo también hubiese huido, también hubiese sido cobarde. Me duele pensarlo, bajo la mirada y solo me dispongo a seguirlos hasta donde te llevan. De pronto estás allí, frente a Caifás, quien incita a los demás del Sanedrín para encontrarte un falso testimonio que justifique tu muerte, mas no lo encuentran.

| Día 2 |

Tu silencio es abrumador, solo miras fijo a aquel sumo sacerdote que quiere darte muerte. Por último, te pregunta si eres Hijo de Dios, te veo enderezarte, levantar la cabeza, y te oigo decir con voz firme:

—Sí, tú lo has dicho. Y declaro que verán al Hijo del Hombre sentado a la diestra del Padre.

Al instante comienzan a gritar: ¡Blasfemo! Varios se te acercan a la vez y te escupen la cara, tanto que puedo ver la saliva deslizarse en tu rostro, mantienes firme tu mirada, pero no dices nada. Otro te abofetea bruscamente, lo hace varias veces, y tus mejillas se tornan rojas, los demás comienzan a golpearte y a burlarse de ti para que adivines quién te ha pegado. Mi palpitar se acelera, quiero intervenir, mas solo soy espectador. Mientras te golpean la cabeza, te veo desviar la mirada hacia el fondo del lugar, ves a Pedro, quien ya te ha negado, y veo una lágrima salir de tu rostro. Te sientes abandonado por completo, una lágrima corre por mis mejillas, haciendo eco a la tuya.

No comprendo.

— ¿Por qué callas mi Jesús?

Me doy cuenta que gran parte de tu amor por nosotros es el silencio. Deciden que solo Pilatos puede ordenar tu muerte así que deben esperar a la mañana para presentarte ante él. Te mandan a encerrar. Los soldados te van empujando y yo los voy siguiendo, escuchando cómo se burlan de ti y te siguen golpeando. Llegamos a una celda oscura, tenebrosa y muy húmeda, cuesta respirar. Es muy pequeña así que apenas logras sentarte en el suelo y recostar tu cabeza a la pared mirando hacia arriba, como hablando con tu Padre. No aguanto más mi Jesús, me arrodillo frente a ti y con mi manto te seco el rostro de la saliva y tus lágrimas ya salientes. Vuelves la mirada hacia mí y solo me sonríes, no dices palabra alguna. Me coloco a tu lado y recuesto mi cabeza en tu hombro, lloro con aflicción y tú acaricias mi cabeza. Yo quería reconfortarte y terminé siendo yo el consolado. De pronto, me miras directo a los ojos y me dices:

Día 2

—El amor es la fuerza más poderosa de todo lo que mi Padre ha creado, y no hay amor más grande que dar la vida por el otro. Con mi muerte, mi Padre te demuestra cuánto te ama. Por eso, mi amado Danny Absalón, haz todo con amor, porque así le das gloria a mi Padre —. Solo logré asentir con la cabeza pues no me salen palabras, estoy muy acongojado. Tomas mi mano derecha con tu mano izquierda y la llevas a tu pecho, y me dejas saber que me llevas en tu corazón. De pronto, sin darme cuenta han pasado horas, pues ya vienen a buscarte para llevarte donde Pilatos. Te sacan de la celda con un jalón y te conducen ante el procurador. Allí estás frente a él, quien te pregunta:

—¿Eres tú el Rey de los Judíos?

—Sí, tú lo has dicho —entonces los sumos sacerdotes y los ancianos comenzaron a acusarte y Pilato vio que callabas. Le extraña tanto tu silencio que puedo ver la expresión en su rostro de que está muy sorprendido por la calma que guardas. Al instante, veo que traen a Barrabás, mientras tú, ya con el ojo morado, observas en la multitud aquellos a quienes les predicaste en la Sinagoga e hiciste milagros, y ahora están gritando: ¡Crucifícalo, Crucifícalo! Veo la aflicción en tu mirada, tu pasión no es solo física, es la pasión de tu corazón, un corazón doliente de tanta traición e injusticia, no comprendo tu silencio, definitivamente tu amor supera todo entendimiento. Pilato decide ceder ante su insistencia de darte muerte y te entrega para que te crucifiquen. Te llevan empujándote a la flagelación. Se me rompe el alma al ver cómo te colocan la capa roja, la corona de espinas que penetra tu cuero cabelludo y se adhiere a tu cráneo, y el bastón, con el cuál te golpean la cabeza y te abren brechas, veo la sangre recorrer tu rostro. Se hincan ante ti jugando el juego Romano del Rey caído, sin saber que tenían razón. Desvío la mirada a tu madre y su gesto de desesperación es innombrable, tuve que quitar mi vista. Me siento tan acongojado, pienso en mis pecados que han justificado lo que veo y me duele tanto, rompo en llanto amargo y te pido perdón. Logro divisar a lo lejos que te amarran las dos manos con una cuerda gruesa y te colocan los brazos por encima de la cabeza, para que no puedas proteger tu cuerpo. Estás desnudo mi Jesús, te

Día 2

han despojado de tus ropas y te tienen allí listo para ser azotado. Comienza la escena de dolor. Los soldados toman las correas que en las puntas tienen algo de metal que no logro distinguir. Te azotan con odio mi Jesús, con cada latigazo se van abriendo brechas en la carne, puedo ver la carne viva, la sangre corriendo por tu cuerpo, puedo escuchar tu dolor. No tienen piedad, te desgarran la carne de tu espalda, de tu vientre, veo los pedazos de carne que guindan de tus muslos, tus brazos, todo menos tu rostro. Te azotan hasta cansarse. Te veo mi Señor y se nota que ya te cuesta respirar, estás lleno de enormes llagas que parecen cortadas, todo tu cuerpo está lleno de ellas, veo tu carne mi Jesús, estás totalmente irreconocible. No queda espacio en ti que no esté maltrecho, sangriento. Te veo allí ya regado en el suelo lleno de tu preciosa sangre y lloro con amargura, porque soy testigo de cómo te conviertes en Varón de Dolores. La escena es terrible, no imagino tanto dolor físico aunado al dolor de tu corazón, sin lugar a dudas la mayor injusticia de la humanidad.

Luego te vuelven a vestir y traen una cruz compuesta por dos trozos de madera rústica, se ve que es muy pesada. Mis ojos no creen lo que ven, y quedo paralizado ante tal escena. Ruedas en el suelo y te colocas boca abajo. Con movimientos lentos, pero firmes, te vas levantando, primero con los brazos, luego quedas de rodillas y finalmente te reincorporas. No puedes respirar, te cuesta mucho. Tus órganos internos están muy golpeados por los azotes. Toda tu vestidura está roja, no queda un espacio que no esté manchado de tu sangre. Y allí te veo, de nuevo como en el Getsemaní, aceptando tu misión, dispuesto a seguir hasta el final. ¡Qué valiente eres mi Jesús! Tu determinación me abruma, tu corazón ha logrado mover tu cuerpo mutilado, ensangrentado, ulcerado y maltrecho. Tomas la cruz, te la colocas en el hombro derecho, y comienzas a arrastrarla. Te escucho gritar cada vez que halas el madero que lacera tu hombro porque te duele mucho. Veo tus llagas sangrientas, veo tu piel abierta, veo como las piedrecillas del camino se incrustan en tus pies, huele a humedad, tu cuerpo está tan maltratado que no me explico siquiera cómo puedes moverte. Mas tú mi Señor, sigues hacia adelante, no te detienes, no

Día 2

te rindes, no claudicas, no te quejas, solo sigues camino al calvario, con la mirada y el corazón puestos en la cruz, cargando el peso de toda la humanidad. Veo que paras para tratar de recobrar el aliento que ya no tienes, eres un despojo humano. Y en tu máxima debilidad te veo caer al suelo, y me aflijo de sobremanera. Estando allí en el piso con el rostro lleno de polvo, cruzas miradas con tu madre. Eso te da fuerzas para volver a levantarte, y los soldados le piden a alguien que te ayude. No me explico cómo llegas al Calvario, solo la fuerza de un amor poderoso e inmortal puede lograrlo.

Los soldados colocan la cruz en el suelo y te echan encima de ella. La madera se impregna de sangre al instante. Y de pronto, los soldados comienzan a halar tus miembros para clavarte. Te observo mientras te clavan y tú, como un acto sublime en el lecho de tu pasión, clavas tu mirada en mis ojos mientras te atraviesan las muñecas, y me dices con la mirada: Así te amo. Se me rasga el corazón, mas esta vez no puedo dejar de mirarte, de contemplarte y es allí que comprendo que tu amor transforma toda existencia, que tu amor se eleva en el sacrificio, se enaltece al entregar tu vida por propia voluntad, comprendo que soy yo tu elección de amor, lo haces por mí, para que yo pueda tener cabida en Dios, para inspirarme a permanecer en tu amor, para que nunca me rinda a pesar de cualquier adversidad, para hacerme ver que solo Tú, mi amado Jesús, solo tú mereces estar sentado en el trono de mi corazón.

Te veo allí mi Señor, clavado en aquella cruz. Tu cuerpo no da más, estás destrozado, lleno de heridas profundas, desfigurado, sin poder respirar. Te veo llorar, tu corazón sufre en agonía, todo tu ser está en un inmenso dolor. Mas no creo lo que escucho: Pides perdón por nosotros. Tu espíritu es inquebrantable mi Jesús, es el espíritu de un Redentor. Allí comprendo la fuerza indestructible del perdón por amor, y que solo el amor verdadero da cabida a ese perdón. Te veo inmolado, mas estando allí te colocas por encima de todos los hombres, como mereces; clavado en esa cruz es que te coronas Rey de la humanidad.

| Día 2 |

Escucho tu grito agonizante que ensordece todo mi ser y estremece mi existencia, y expiro yo también, muere el hombre viejo, mueren mis pecados, y nace el nuevo yo.

—Oh mi amadísimo Jesús, mi alma está destrozada, contemplarte así me ha desgarrado el corazón por tanta injusticia. ¡Cuánto dolor siento al saber que mis pecados han justificado lo que sufriste! Mas tú, mi amado Señor, tú te has coronado rey de mi corazón al mostrarme que todo lo hiciste por amor, un profundo amor que te llevó hasta el final, un amor digno de ser alabado por todos los siglos, un amor que ha trascendido miles de años y que un día como hoy ha logrado remover las fibras de mi corazón, sembrando en mí el deseo de luchar por ese amor, de dar mi vida también por amarte, así como tú me amas, sin condición, sin término, un amor que es una locura, la locura de la cruz.

Luego de esta contemplación mi corazón quedó atribulado, estoy afligido por tan vívida experiencia. Salgo de la capilla y me dirijo al balcón frente a mi habitación y me recuesto en el sofá de mimbre mientras observo con detenimiento a la nada, recordando la mirada de Jesús que me decía: Así te amo. Escucho truenos e imagino que lloverá, así que comencé a preparar todo para mi primer Ejercicio Espiritual (EE1), el cual me tocará después del almuerzo.

Almuerzo. Día 2.

—Oh mi amado Padre, es inaudito el sigilo de este almuerzo, ni siquiera escucho a las muchachas en la cocina, tampoco a los perritos, ni los pajaritos, nada, todo está callado. Hasta tú mi Señor, tú tampoco me has hablado, es como si todo el Universo hubiese hecho una tregua con el tiempo para engendrar un silencio profundo que penetra hasta mis huesos, en memoria de la pasión de tu Hijo Amado. Me uno a este silencio —. Así pasé mi almuerzo, con el corazón enmudecido.

Terminado el almuerzo me dirigí nuevamente al balcón, para realizar mi EE1, ya caen las primeras gotas de lluvia.

Día 2

EE1: Libertad. La Segunda batalla. Día 2.

En este ejercicio debes luchar contra los 3 pecados causantes de la máxima esclavitud de todo ser humano, y en el mismo orden que se cometieron. El primer pecado, que es el pecado de Satanás, la soberbia. El segundo pecado, que es el de Adán, la desobediencia. El tercer pecado, que es el del pueblo de Israel, la idolatría. En cada pecado uno visualiza todas las veces que lo ha cometido, todas las que puedas, y luego debes luchar, pero con Jesús a tu lado para sacar a ese espíritu de ti. Nunca pensé que esta experiencia sería tan real.

Mi batalla hoy es tenebrosa, llueve fuertemente, caen rayos y truenos, se fue la luz, hay una oscuridad total. No creo que sea una coincidencia, mas no tengo miedo, mi Padre está conmigo. Me acompaña Jesús, el Mesías, y el Espíritu Santo.

La batalla fue fuerte, consistía en ordenar al espíritu salir de ti, en el nombre de Jesús, para lo que debías utilizar la Palabra para echarles de tu mente. A medida que luchaba se intensificaban los truenos. Primero luché contra la *soberbia*. Recordé con gran dolor todas las veces que he sido orgulloso, necio, lleno de ego o soberbio. Comenzaron a llegar a mi mente los recuerdos, y pronto invoqué el nombre de mi amado Jesucristo. Dentro del silencio, grité al espíritu de soberbia, grité con firmeza y le ordené que saliera en el nombre de Jesús. Utilizaba la espada de la palabra citando los versículos de la Biblia que aborrecen la soberbia. Tres veces le ordené, y de pronto, abro mis ojos, y en medio de la tormenta y una completa oscuridad, expelo un quejido en forma de llanto amargo. Nunca antes había sentido esto. Yo pensé que solo era un ejercicio espiritual, mas esta era una pelea real, no podía retroceder, rendirme jamás. Y estando allí en medio de la oscuridad recordé quien soy, un Soldado de Cristo. Volví a sentarme, y continué hacia el segundo pecado.

| Día 2 |

Ahora me tocaba luchar contra la *desobediencia*. Fue un proceso similar. Comenzaron a llegar a mi mente los recuerdos de todas las veces que fallé, que fui desobediente a los mandatos de mi Padre. Invoqué el nombre de Cristo y comencé a luchar. Ordené al espíritu que se fuera de mi mente. Esta vez costó más. La desobediencia se rehusaba a salir, de pronto, siento la misma fuerza extraña que anoche me quería doblegar. Comencé a gritar los versículos de la Biblia que hablan de la obediencia. Invoqué la Gloria del trono de Dios, abrí los ojos y volví a expulsar el quejido en forma de llanto amargo. Recuerdo haber considerado que esto era arriesgado, y pensé:

—Viniste a luchar, eres valiente, Dios está contigo —y me animé a terminar.

Por último, me tocaba luchar contra la *idolatría*. Esta fue diferente, más enérgica. Comenzaron a llegar los recuerdos de todas las veces que fui idólatra del cuerpo. Aquí comencé a ceder, y me llenaba de culpa al pensar que mis pecados habían justificado la muerte de Jesús. En ese momento recuerdo lo que Jesús me dijo en aquella celda cuando me tomó de la mano: el amor es la fuerza más poderosa. Me armé de valor y ordené al espíritu salir, lo hice en el nombre de Jesús, pero seguían llegando los recuerdos. Invoqué la Gloria del Trono de Dios, y seguían llegando los recuerdos. No me rendí, estaba exhausto ya, pero solo pensaba en la mirada de Cristo que me decía al ser clavado en la cruz: Así te amo. Eso me llenó de fortaleza para continuar. Durante varios minutos le ordenaba al espíritu salir. Al tratar de recordar los versículos de la Biblia noté que los olvidaba. Grité: "Todo lo puedo en Cristo que me fortalece", grité con autoridad y declaré libertad, la libertad de los hijos de Dios, libertad por el nombre de Jesús, libertad por su sangre derramada en la cruz, libertad por la Gloria del Trono del Dios Único Verdadero, y entonces abrí mis ojos otra vez, y salió el último quejido en forma de llanto amargo. Recuerdo que estaba muy agotado, un poco agitado.

Y estando sentado en aquella silla me hablaste:

| Día 2 |

—Hijo mío, mi soldado. Has sido valiente al enfrentarte a tu esclavitud y conquistar la libertad. Has confiado en mí y no has tenido miedo. Por eso te doy un corazón limpio, un corazón de carne, te doy un espíritu firme, un espíritu renovado.

—Oh mi amado Señor, qué bueno has sido conmigo. Vencimos mi Dios. Tu Santo Espíritu me acompañó mi buen Señor, libramos la batalla de la mente, vencimos con tu Palabra y salieron los espíritus en forma de llanto y queja, se acobardaron ante tu Gloria, y entraron en mi corazón la Humildad, la Obediencia y la Adoración al Dios Único Verdadero. La Idolatría ofreció mayor batalla, mas ¿quién puede resistir tu Gloria? Con certeza nadie. Hoy triunfaste Tú mi Creador, conquistaste mi mente y limpiaste mi corazón. Ahora sí puedes sentarte en tu trono, ya está limpio, dispuesto y atento. Mi corazón está abierto para ti. Has sido bueno conmigo mi Señor. Me has librado de mis opresores y me diste la gracia de tus dones. Ahora siento paz, una paz diferente. Es Shalom, la conexión perenne con tu esencia, la fuente, el origen, Tú, Creador.

Cuando terminó la batalla llegó la luz, no solo a la casa, también a mi corazón. ¿Coincidencia? Yo digo que "Diosidencia".

Estaba exhausto, así que procedí a tomar una ducha para recobrar fuerzas y así poder continuar con la siguiente experiencia de este retiro: Los Cuestionamientos.

Los cuestionamientos son preguntas que uno se hace y comienza a pensar y tratar de buscar la respuesta luego de una reflexión. Sin embargo, yo no había escrito mis preguntas aún. Así que te dije:

—Padre, que seas tú quien me guíe.

—Está bien, pero seré Yo quien te dé las respuestas.

—Toma el control mi Señor —y comenzó lo que sería una introspección profunda guiada por el dueño del Universo.

Día 2

Primer Cuestionamiento. Día 2.

Me dirigí a la capilla luego de tomar una ducha, y así realizar esta actividad con energías renovadas. Tomé mi libreta y mi lápiz, y abrí mi corazón para escuchar la primera pregunta que querías responderme, así fue.

—Mi amado Dios. Me has llevado a mi primer cuestionamiento de este retiro: ¿Por qué quiero tener siempre la razón?

Respondiste:

—Es orgullo, es soberbia. Por eso quieres tener la razón siempre. Tener la razón no es lo más importante, el corazón del hombre lo es. Tener la razón no es la verdad, la verdad te hace libre, tener la razón te esclaviza, ya sea al que la dice si no la tiene, o al que la recibe si no es escuchado. No se trata de tener la razón sino de educar con amor, allí siempre prima el corazón. Demostrar que tienes la razón no ayuda a nadie, solo hace sentir mal al otro. En cambio, escuchar ayuda al corazón. Tener la razón no te hace importante en la vida del otro, escucharlo te hace importante.

Ahora, cambia la pregunta:

— ¿Para qué quieres tener la razón? Es solo para llenar el ego. En cambio, escuchar llena corazones. Tal vez puedas pensar que tener la razón te va a subir la autoestima, pero ¿te ha servido? Cuando escuchas entonces ayudas, y cuando ayudas eres como un hijo de Dios, nada mejor para la autoestima.

Hijo mío, la razón no se demuestra por la boca, la vida se encarga de la verdad. Deja la razón a la vida. Tú escucha, escucha con intención, así captarás el corazón, y cuando eso sucede triunfo yo. Tú eres mis oídos, ¿Cómo voy a escuchar si quieres tener siempre la razón o demostrar que el otro está equivocado? ¿Cómo voy a hablar a través de ti y dar un consejo si no dejas fluir mis palabras en tu corazón dispuesto, si no escuchas primero? Escucha con atención y ganarás corazones para mí.

—Oh mi amado Dios, las respuestas me dolieron, todas destruyen el corazón de aquel a quien no escucho, de aquel a quien trato de demostrar que está equivocado. Me dolieron. Y luego me pediste cambiar la pregunta de ¿por qué? a ¿para qué?, y fue peor. Me hiciste ver que no tiene sentido querer tener siempre la razón, me dijiste que si escucho con atención, así sí ganaré ese corazón para ti, tener la razón lo aleja. Cuan sordo he estado. La vida se encarga de demostrar la verdad, no yo, yo solo soy tu siervo que debe escuchar y aconsejar si se le pide. Renuncio a querer tener la razón, hija de la soberbia que echaste en la mañana. Ahora nace en mí la escucha con intención, hija de la humildad que sembraste en la mañana. Gracias mi Dios, mi Hashem Echod, Único Dios, por querer transformarme en tu soldado, instrumento de amor, conquistador de corazones para tu reino. Soy privilegiado. Tu hijo escucha, ahora sí con el corazón.

Cena. Día 2.

—Aún no dejas de sorprenderme mi Padre hermoso. No he sentido hambre desde que llegué, me tratan como rey en esta casa santa. Y hoy en la cena, riquísima cena, me recordaste tu promesa: "Nunca más volverás a pasar hambre". Recuerdo con nostalgia aquel día que mis hermanos y yo comimos comida rancia de la basura en vísperas de Navidad. Me prometiste nunca más volver a comer de la basura. Hoy me recordaste tu promesa, 24 años después, aún has sido fiel. Lloro, pero esta vez de contento. Estoy muy agradecido.

Me hablaste y me dijiste algo que me cautivó:

—Hijo mío, te has robado mi corazón —. Mi corazón palpitó acelerado, me alegré tanto. Continuaste:

—Con tus cartas has tocado mi corazón. Por esto tus ojos verán lo que nunca has visto, tus oídos escucharán lo que nunca has oído, y recibirás lo que nunca has imaginado. Te doy todo lo que tu corazón anhela. Tus ojos verán cumplidos todos los anhelos de tu corazón, todos y aún más, los cuales sabrás a su debido tiempo. Vendrán pruebas más difíciles, pero estaré contigo, siempre que permanezcas en la humildad, la obediencia y me adores solo a mí, Dios Único Verdadero. Mi hijo, Te amo.

Día 2

—Oh mi amado Dios, ¿Qué más puedo pedir? Si en mi mayor humildad simplemente te escribí una carta, y eso te hizo feliz. Estoy abrumado —. Hablaste:

—Eres mi hijo. Vamos, escribe los anhelos de tu corazón.

—Lo haré Padre.

Y así me dirigí a la capilla a realizar la primera actividad sugerida por Dios.

Primera Actividad: Los anhelos del corazón. Día 2.

En esta actividad debía escribir cuáles son los anhelos de mi corazón. Estoy en la capilla y percibo que Dios no me habla, comprendo que quiere que yo reflexione sin su intervención.

De pronto, mientras voy escribiendo, me doy cuenta que estoy escuchando, estoy escuchando mi corazón. Me emociono. Por primera vez en mi vida mi mente está conectada con mi corazón. No es la voz de mi conciencia que usualmente razona, es mi corazón hablando, no sé cómo explicarlo, es como si todo saliera de mi pecho y subiera a la cabeza, pero solo en esa dirección. Me percaté que todos mis pensamientos habían callado y estaban atentos a lo que decía mi corazón. Esta vez sí escucho mi voz, pero es pacífica, tranquila, siento como si ya no hubiese ruido. Escribo los anhelos en mi libreta de anotaciones:
   1. Tener la presencia de Dios en mi corazón
   2. Formar una familia con mi compañera de vida
   3. Felicidad para mi madre
   4. Cumplir mi propósito de vida

Vuelvo a leer lo que he escrito y me percato que todo tiene un denominador común, te escribo:

—Mi Señor, me has llevado a una profunda observación interior y me has permitido escuchar los anhelos de mi corazón, son todos nobles y me prometiste cumplirlos. Todos tienen un común denominador: Amor incondicional, tu Shin. Gracias Padre bueno, gracias por enseñarme a escuchar mi corazón y permitirme conectar mi mente con todo lo que él anhela. Vivir en tu amor incondicional es el origen de todos mis anhelos.

Día 3

Oración matutina.

—Oh mi amado Señor, todo lo que me das es maravilloso, estoy tan agradecido. Sobre todo porque esta mañana me dolía el estómago, coloqué mi mano en él y oré, tal vez por primera vez en mucho tiempo, oré con el corazón, confiado, sin preocupaciones. A los pocos minutos el malestar se había ido, escuchaste y atendiste mi oración.

Desayuno. Día 3.

Me hablaste durante el desayuno, me podría acostumbrar, mas prima en mi corazón la confianza en tus tiempos. Me dijiste:

—El mayor fruto del silencio es la paz, esa paz que andas buscando, pues es allí donde se fortalece nuestro vínculo, es allí cuando escuchas desde tu corazón.

Reflexioné, y puedo afirmar que, en este silencio que apenas lleva 3 días, he escuchado más tu voz que en 33 años de ruido. Sollocé, no por tristeza, sino de saber cuánto me había perdido, cuánto daño había hecho con mi sordera, mas descanso en tus promesas, que son todo lo que mi corazón anhela, y me emociona mi futuro, me da paz mi presente porque estás Tú, mis tiempos son tuyos Padre bueno.

Luego del desayuno me dirigí a mi habitación a prepararme para la contemplación de hoy. Sin embargo, me percaté que no la tenía definida. En ese momento, estando sentado en la cama, Dios habló:

—Siéntate en el regazo de mi hijo.

Y así fue como me dispuse a realizar la siguiente contemplación.

Día 3

Contemplación: **El regazo de Jesús. Día 3.**

En esta contemplación solo debía imaginar estar sentado en el regazo de Jesús mientras sostenemos una conversación. Sin esperar nada, lo recibí todo.

Estamos en una colina, sopla una brisa fresca que nos reconforta. Estoy recostado en el regazo de Jesús tal cual un niño, y mientras me acaricia el cabello, me habla:

—Danny, has buscado comprender el amor incondicional desde ya hace mucho, sin embargo, está fuera del entendimiento del ser humano, mas te voy a revelar algo: el amor incondicional es la esencia de todo lo creado, por eso es eterno e inamovible. Sé que desde pequeño siempre lo has buscado. Recuerdo todas las veces que has orado para encontrarlo, mi Padre y yo hemos visto que, más allá de buscar la sabiduría como Salomón, o de buscar riquezas como muchos otros, tú has buscado el amor verdadero, por eso eres especial ante mi Padre. Verás, el Amor incondicional es un pedacito de Dios en cada ser humano, es una persona que se hace uno con tu espíritu. Por eso no ha de ser buscado, es intrínseco, lo llevas dentro. Así pues, en lugar de buscarlo debes liberarlo. Y esto solo se logra con el perdón de corazón, pues el perdón por amor es la única llave que abre la puerta del amor incondicional. El amor incondicional es la esencia del Espíritu Santo, es mi esencia y es la esencia de mi Padre, la única capaz de transformar una existencia, de sanar un cuerpo de la enfermedad, de liberar al espíritu de sus opresores, de curar las heridas de un corazón destrozado.

Al mismo tiempo que me hablas tomo tu mano derecha, está cálida. Percibo tu llaga, veo el orificio causado por el clavo y te doy un beso, mientras mis lágrimas se deslizan por mi mejilla y caen dentro, tú me dices:

—Es por amor. Ya no me duelen, fue pasajero, la eternidad es la recompensa.

| Día 3 |

Me reincorporo, acaricio tu rostro, y aún con lágrimas te digo sonriendo:

—Sí tienes barba —y sonreíste.

Luego me miras y yo me pierdo en esa mirada de amor. Apenas pude murmurar un "te amo" sincero. Me abrazas para consolarme, y besas mi frente. Me pides que coloque mi cabeza en tu pecho y escucho tu corazón, me dices:

—Late por ti.

Vuelvo a recostarme en tu regazo aún llorando, sintiendo tu consuelo. Aprovechas el momento y me dices:

—La paz que hoy cultivas en silencio es lo que hace crecer el amor verdadero. No vuelvas a oscurecer tu corazón con el pecado ni con el resentimiento, eso esconde el amor, no lo deja ser. Permanece en mi paz y mi amor permanecerá contigo. Debo irme.

—Quédate un rato más mi Jesús —expresé con algo de nostalgia.

—Está bien —respondiste.

—Llévame contigo —te pedí. Tú respondiste:

—Aún no es el momento. No te preocupes, esta vida es pasajera, tendremos la eternidad para compartir —agregaste mientras seguías acariciando mi cabello. Te dije:

—Mis lágrimas ensuciaron tu manto —y tú respondiste:

—Ha sido manchado con sangre, polvo, escupitajos y el pecado, tus lágrimas lo están limpiando — y tus subsecuentes palabras me llegaron al alma:

—Ella está bien.

—¿Mi pedacito de cielo? —pregunté refiriéndome a mi bisabuela.

—Así es —respondiste. Y agregaste:

— Con respecto a tus interrogantes te las voy a responder. Yo estoy presente en la Eucaristía. La Iglesia católica no tiene la

| Día 3 |

verdad, tampoco la Judía ni la evangélica, ninguna iglesia la tiene, pues solo yo soy la verdad. Quien me sigue la encuentra, por eso lo que me importa es el corazón del hombre, que es donde está su tesoro. Fui yo quien escribí PASSAGGIO, tú fuiste mi instrumento a pesar de tu inmadurez, de tu ceguera y sordera. A pesar de que no aplicaras lo que allí está escrito, fui yo quien puse las enseñanzas del amor incondicional, por eso son verdaderas. Y será igual para todos los libros que escribas. No te preocupes por el mayor anhelo de tu corazón, ella debe tener su momento también. De ella no te puedo responder, es tu prueba de confianza. Debes aprender a esperar —hiciste un silencio, y luego agregaste:

—Yo estaré contigo. Guarda mis palabras y permanece en el amor. Tu visión del amor incondicional se verifica hoy, es tu propósito. Eres amor incondicional. Ahora te doy mi paz —y al instante sentí una paz indescriptible que llenó toda mi existencia. Y agregaste:

—Siempre que me necesites aquí estaré —dijiste señalando mi pecho, y partiste.

—Oh mi Amado Jesús, contemplarte ha sido mi mayor regalo, ¿Cómo no amarte Jesús? Si has colmado mi existencia con todo tu amor. Estoy abrumado.

Abro mi Biblia luego de este encuentro y sale el Salmo 85, versículo 11: "La Gracia y la Verdad se han encontrado."

Tú, mi Jesús, la Gracia que me diste antes cuando oraba en mi aflicción ahora se une con la Verdad que me das hoy, Tú eres mi Verdad, solo Tú Jesús.

Almuerzo. Día 3.

—Oh mi buen Señor, al momento del almuerzo me volviste a sorprender con un banquete. Mientras comía me dijiste:

—¿Por qué comes tan rápido? No hay apuro. ¿Tienes algo mejor que hacer? Vives apresurando momentos y te pierdes el presente. Disfruta cada bocado de la vida y saborea cada instante que voy creando para ti.

Día 3

Me detuve a pensar que he vivido corriendo apresurado en todo, hasta en mis decisiones de vida. Por querer tener todo al instante me he perdido el instante.

— ¡Qué tonto! —pensé. —Vivir el presente y disfrutar el momento sin perder de vista mi visión, es felicidad —a lo cual respondiste:

—Así es hijo mío. Felicidad es vivir cada momento desde el corazón. Disfruta los momentos aún en la prueba, confía en mis propósitos y no te preocupes más.

—Oh mi Señor, ¿cuánto he dejado pasar y cuánto me he perdido por correr? ¿Qué me ha traído afanarme? Solo cometer errores, hacer daño por tropezar con alguien en mi apuro, solo tristeza me ha traído correr. Hoy decido caminar y disfrutar el instante. Decido ser feliz —y ya no lloré, sonreí. Ahora sí, descubrí el verdadero sabor del pollo.

Al terminar el almuerzo me dirigí a mi habitación a planificar el siguiente EE. Las palabras de Jesús resonaban en mi mente: Perdonar como Él perdonó. Y así Dios puso en mi corazón el siguiente ejercicio espiritual.

EE2: El perdón. Día 3.

En este ejercicio hay cuatro perdones que debía ejercitar; primero a los padres, segundo a los familiares y amigos, tercero a la pareja o "ese alguien" que nos ha hecho mucho daño, y cuarto a mí mismo. Para cada perdón debía recordar la escena exacta de todas las veces que me habían hecho daño, involucrando los sentidos. Una vez revivido el momento, debía contemplar que allí estaba Jesús consolándome, y luego enseñándome a comprender al otro. Después él actuaba de una manera distinta a como yo actué en su momento. Era muy difícil este ejercicio, porque tenía que traer a mi memoria momentos que me habían causado un gran dolor, evocando sentimientos que había querido dejar atrás. Mas comprendí que a veces uno dice perdonar, pero el resentimiento que deja el daño recibido causa estragos en nuestras vidas, creando miedos, dudas, amarguras, verdades de vida que formamos basadas en mentiras, hilos de baja autoestima. Sentía en mi corazón que necesitaba esa libertad, y quería sentir el consuelo de Jesús para borrar mi dolor. Por lo tanto, me dispuse realizar el ejercicio.

Primer perdón: Los Padres

Primero a mi padre. Estamos sentados en la mesa de madera vieja que es el comedor en la casa de mis abuelos. Tengo unos 11 años y mi papá abandonó el hogar. Le fui a pedir que por favor regresara, porque lo extrañaba. Él se para de la mesa sin decir palabra alguna, se va, y me deja allí solo. Me sentí rechazado, abandonado, al instante se me partió el corazón, anhelando que regresara. Lo esperé por horas, mas nunca llegó. Comprendí que de allí surgió mi afán de esperar por siempre a alguien, de allí nació mi miedo al rechazo. De pronto, regreso al momento, se acerca Jesús y me dice:

—Míralo bien, está asustado. Su conciencia lo está atormentando porque se ha dado cuenta que su decisión te ha roto el corazón. No sabe qué hacer ni qué decir, por eso prefiere irse, para no tener que acceder a tu petición. Es egoísta, lo sabe, pero compréndelo sin juzgar, acepta lo que pasó, y déjalo ir, déjate sanar. Libérate del rechazo pues yo estoy contigo.

Y perdoné de corazón, lo dejé ir, y murió el rechazo.

Otra escena llegó a mi mente. Tengo unos 9 años y mi papá llega a la casa, se ve amargado. Comienza a gritarle a mi hermano menor porque no se sabe la lección de inglés. Mi padre se altera y comienza a gritarnos que somos una escoria, que él odia la escoria y la mediocridad. Mi hermano mayor nos toma de la mano y nos lleva a su cuarto, mas los gritos atraviesan las paredes, atraviesan mis oídos y llegan a mi subconsciente, y allí hacen eco, y le creo. Lo había perdonado pero el resentimiento tuvo hilos de baja autoestima, pues lo creí por casi 20 años.

Día 3

De pronto, llega Jesús, me abraza estando yo atemorizado y temblando en el cuarto, me calma y me dice:

—Compréndelo Danny. No sabes la carga que está llevando en sus hombros. No está bien lo que ha hecho, mas él tiene una esclavitud que tú desconoces y que lo atormenta, eso lo hace débil, por eso se descarga con quienes no pueden defenderse. ¿No has sido tú esclavo también? Acepta y déjalo ir.

Y perdoné de corazón, lo dejé ir, y murió la baja autoestima.

Luego me tocaba perdonar a mi madre. Estamos sentados en el sillón de la sala, tengo 10 años. Estamos pasando por una situación difícil en el hogar, pues las peleas entre papá y mamá son cada vez peores, y solo se oyen gritos y estruendos por doquier. Me acerco a ella para darle cariño, mas ella me rechaza, lacera mi ternura y mi cariño al apartarme diciéndome con amargura: échate para allá. Recuerdo que pasó varias veces. Comprendí que de allí surgió mi falta de afectividad en todos los aspectos de mi vida, de allí mi parquedad en mis relaciones, un niño que creció con falta de afecto. De pronto aparece Jesús, me abraza con ternura y me dice:

—Mírala hijo, está sufriendo un maltrato psicológico por todo lo que está pasando. Tiene una gran herida en su corazón y un alma doliente. Es tu madre, te ama, pero en ese momento no supo cómo expresarlo. Acepta y déjalo ir.

Y perdoné de corazón, lo dejé ir, y murió la falta de afecto.

Segundo perdón: La Familia o amigos.

Tuve que perdonar a mi hermano mayor. Estoy sentado en una silla en mi cuarto, hay total oscuridad y miro a través de la ventana, tengo 13 años. Mis padres ya están separados, aún estamos viviendo las incomodidades de una pensión alimenticia, visitas compartidas y demás cosas que conlleva un divorcio así. Sin embargo, mi hermano mayor se acaba de ir a los Estados Unidos buscando un mejor porvenir. Lloro con una tristeza en el alma, él era mi único amigo, al único que podía confiarle mis cosas y que pasaba horas sentado conmigo conversando de cualquier tema.

| Día 3 |

Siento que me ha abandonado y que me ha dejado la carga de esta familia disfuncional. No me siento preparado para asumir el rol del hombre de la casa. Y así paso toda la noche, llorando sin consuelo por la partida de mi hermano, de mi único confidente, de mi mejor amigo. Comprendí que esa era la razón por la cual me ha costado confiar en las demás personas, porque tenía miedo a ser lastimado, o abandonado otra vez. Al momento llega Jesús y me dice:

— ¿Qué crees que hubiese hecho yo? —preguntó.

—¿Comprender? —contesté.

—Así es Danny Absalón. ¿Crees que fue fácil para él tomar esa decisión de dejar a su madre y sus hermanos en esa situación? Él se ha convertido en hombre al tomar esa decisión tan difícil, porque ha sido para poder tener un mejor futuro y construir un legado para ti, tus hermanos y tu mamá. Él también lloró mucho en ese avión, muchas cosas han pasado por su cabeza, pero se ha mantenido firme en su decisión a pesar de sus sentimientos, eso se llama determinación y carácter, eso es de admirar en un hombre. Compréndelo, acepta y déjalo ir.

Y perdoné de corazón, lo dejé ir, y murió la desconfianza.

Tercer perdón: La Pareja o "Ese Alguien"

Al traer a mi mente los recuerdos de mis relaciones pasadas en las cuales sentía que me habían lastimado, identifiqué que había una herida abierta que no me había permitido sanar. Mi comportamiento al terminar una relación donde había puesto mi corazón, era el tratar de hacer cualquier cosa por regresar con la persona, pues me costaba aceptar el fracaso después de haber entregado todo. No obstante, percibí que esa herida fue sentirme rechazado cuando comenzaban otra relación al poco tiempo de nuestra ruptura, me sentía excluido en todo aspecto. De allí mi afán de nunca dejar ir, de hacer lo imposible por volver a ser el escogido. En ese momento llegó Jesús y dijo:

—Comprende, aún en medio de tu dolor. ¿Acaso tienes el derecho de decidir por otra persona? No juzgues, recuerda aquellas veces que huiste de la soledad, privándote así de tu tiempo de sanar y madurar en el amor. Más aún, reconoce que es una manifestación de tu ego el no querer aceptar que entregaste tanto y no funcionó; dejar ir es parte integral en el desarrollo de la madurez en las relaciones. Danny, he permitido que pasaras por esto porque quería tener yo el privilegio de ser el primero en escogerte, y para hacerlo tenías que reconocer que el amor hay que liberarlo y no encontrarlo. Me he reservado el derecho de ser tu primer amor. Yo, Jesús, te escojo a ti, soy tu amor verdadero y nunca te abandonaré. Acepta y déjalo ir.

Y perdoné de corazón, lo dejé ir, y murió la desesperación.

Cuarto perdón: Yo

Y, por último, el más doloroso: me tocó perdonarme a mí mismo. Comenzaron a llegar los recuerdos de todas las cosas que yo debía perdonarme, eran demasiadas, pasaban muy rápido. Cruzaron tantas cosas por mi cabeza que me avergoncé tanto, me lancé de rodillas con rostro al suelo y te pedí perdón por mi idolatría al cuerpo, mi entrega al pecado, mi traición, las mentiras, todo lo que justificó tu pasión y sufrimiento, todo fue muy doloroso, el permitirme caer en depresión varias veces, el no amarme sino dejar que me pisotearan por pensarme poco o no digno. En ese momento te acercaste mi Jesús, y dijiste con ternura:

—Yo te he perdonado, ahora te toca a ti perdonarte.

Y lloré desconsolado, me costaba respirar hasta que logré balbucear: —Me perdono, me libero —y al instante sentí que algo salió de mí. Y escuché tu voz decir:

—Ahora sí, estás listo. Estás listo para amar.

Y me perdoné de corazón, lo dejé ir, y murió la culpa.

—Mi amado Jesús, has transformado mi corazón con este ejercicio. Has estado allí en cada uno de los cuatro perdones, y me has consolado las copiosas lágrimas derramadas. En cada momento de los cuatro perdones me brindaste tu amor sanador. Me hiciste comprender a cada uno y entender por qué actuaban así; unos por miedo, otros por inmadurez, otros por cobardía, otros por no tener otra opción, y yo por ignorancia, por falta de valor y de amor propio. Me llenaste de todo lo que me faltaba, me abrazaste, reemplazaste el rechazo por tu compañía, la espera por la confianza en tus tiempos, la falta de afecto por tus eternas caricias a mi corazón, el abandono por tu eterna presencia en mí. Tú me elegiste mi amado Jesús, me dijiste que querías tener el honor de ser el primero en elegirme, y reemplazaste la baja autoestima, el desamor y el desvaloro por amor propio. Sanaste cada fibra de mi corazón, y has hecho de mí alguien nuevo. Gracias mi Jesús, gracias por enseñarme el perdón de corazón.

Y al instante habló la voz poderosa de Dios que retumbó en mi corazón:

—Te has perdonado y eso es lo que abre la puerta para que mi presencia entre en ti. Ahora tu rostro se transfigura y se cae la máscara. Yo, Dios de todo lo creado, declaro que te conviertes en el hombre que estás llamado a ser, en Danny Absalón González Young, mi hijo. Ya nada te hará temblar, no temerás y vivirás con el carácter de mi hijo —. Me quedé un momento en sigilo.

—Me abracé, me perdoné, me liberé, y entraste tú mi Dios Único Verdadero, entró tu presencia en mí, tu amor en mí, tu paz. Y por primera vez en 33 años me vi como soy en realidad. Soy tu imagen.

Luego de este ejercicio tuve un gran momento de reflexión.

—El perdón es poderoso —pensé. Y en mi mente resonaban las palabras de Jesús: "Es la única llave que abre la puerta del amor incondicional."

Luego me dirigí a mi habitación y pensé que me gustaría contarle a alguien mi experiencia del perdón con Jesús. Sin embargo, me di cuenta de algo: no tengo verdaderos amigos. Conozco buenas personas con las cuales sé que puedo contar, mas no tengo a alguien a quien pueda confiarle mis intimidades como hacía con mi hermano mayor. Y así fue como Dios me llevó a mi siguiente cuestionamiento.

Día 3

Segundo Cuestionamiento. Día 3.

Hoy en mi ejercicio de cuestionamiento la pregunta fue: ¿Por qué no tengo amigos? Otra vez tus respuestas me dolieron mi Dios.

Hablaste:

—No tienes amigos porque no confías. Pero si no das ese primer paso de entregar tu confianza a pesar de la incertidumbre, ¿Cómo vas a cultivar una amistad? Debes correr el riesgo. ¿Piensas que los amigos llegan? Estás equivocado, la amistad se hace, es de ambas partes. La amistad sincera se construye, tú siempre has esperado que un amigo te responda cuando más lo necesites, pero no siempre es así. La amistad es valiosa, por eso, también está llena de perdón, pues nadie es perfecto. Te cuesta confiar porque te han traicionado, pero ¿No has traicionado tú también? Entonces no juzgues. Es importante cultivar amistades, y en eso has errado. Ha sido por egoísmo que no has querido cultivarlas, por miedo a que se vayan como tu hermano mayor. Si bien no a cualquiera debes entregar tu amistad, sé tú el amigo incondicional, es lo que debes hacer. Mira cómo te has alejado de las amistades que he colocado en tu camino por falta de madurez de tu parte, por sentir que no son recíprocas. Piénsalo, te has alejado de quienes han podido ser tus amigos. Conviértete tú en el amigo para los demás y verás que tendrás buenos amigos, se tú el que da el primer paso. Tienes todo para ser el mejor amigo de cualquiera; buen consejo, sabes escuchar, al menos ahora, y tienes fidelidad. Comparte, valora una amistad como un tesoro, ríe, tienes tiempo sin reír como me gusta verte reír. Te has acostumbrado a vivir tanto en la soledad, que aunque sea difícil, la has abrazado. Bien, has cultivado muchos frutos en ella, pero todo tiene un tiempo. Yo te prometí terminar con tu tiempo de soledad, y cumpliré. Pero primero debes abrir tu corazón al riesgo de ser lastimado y traicionado, ese es el precio de cultivar una amistad. Hasta mi hijo amado llamó amigo a Judas, ¿Recuerdas? Lo leíste ayer. La amistad sincera y duradera surge de un corazón abierto y dispuesto. Dispón también tu corazón a esta nueva experiencia para ti llamada "Amistad", y verás un lado hermoso de la vida. Escucha tu corazón ahora que lo has aprendido, él te dirá quién puede ser tu amigo y quién no. Y recuerda siempre y que nunca se te olvide: Yo Soy tu primer amigo.

Luego quise cambiar la pregunta a ¿Para qué? Por seguir el protocolo del cuestionamiento. Respondiste:

— ¿Para qué no tener amigos? ¿Para no sufrir? ¡Entonces no vivas! Tenlos, y punto —. Comprendí el mensaje.

—Oh mi amado Señor, me hiciste ver que mi desconfianza me ha llevado a alejarme de las personas que tú has puesto en mi camino para cultivar una amistad, y mi egoísmo me llevó a alejarme de ellas. ¿Cuán ciego he sido que he perdido de vista el verdadero valor de una amistad sincera y desinteresada solo por no querer esforzarme por cultivarla? ¿De cuántos consejos me habré privado? Oh mi Dios, ya no quiero ser más egoísta, pues me has hecho ver que una amistad no llega sola, sino que hay que construirla, igual que cualquier relación, hay que abonarla, preocuparse por el otro, llamarlo, interesarse por sus cosas, y sobre todo, abrir el corazón para que se dé el fruto de una amistad sincera y verdadera: el amor fraterno. Ahora sé que soy yo el que debe dar el primer paso y atreverme a confiar, ya dejando el temor a un lado, sino poniendo mi corazón para levantar lazos de fraternidad que perduren en el tiempo. Gracias mi Dios, eres tan sabio.

Cena. Día 3.
Mientras cenaba sentía una gran paz en mi corazón.

—Estás callado esta noche —pensé. Y mientras comía me llegó una reflexión: La paz de Dios es como el *Wifi*. Mientras estemos conectados habrá señal. Si es intermitente habrá momentos donde no la tendremos. El ancho de banda es el Amor, entre más grande el amor, más fuerte la conexión con Dios, más difícil perder la señal de la paz.

Luego de cenar me dispuse a hacer mis oraciones, leer la Biblia y a descansar. A la espera de lo que mi Padre tendría mañana para mí.

Día 4

Oración Matutina

—Mi amado Señor, Dios bueno y sabio, en mi oración de la mañana me hablaste y me expresaste algo que cambió mi perspectiva de mí mismo, dijiste:

—No seas para que los demás vean, sé porque eres.

—Me llamas a ser auténtico, a no pretender ser, sino a ser en realidad. ¿Cuántas oportunidades he perdido por ser falso? He pretendido ser algo que no soy, y ¿qué me ha dejado? Solo sentirme decaído por cobarde o sentirme hipócrita. Si bien es cierto que uno puede cambiar, cuando se cambia por pretensión no hay constancia, cuando se cambia por convicción, entonces eres. Ahora mis convicciones son más profundas, gracias a ti amado Padre, ya no para pretender, ya no más, sino para dejarme ser como en realidad soy, tu hijo amado, hombre de carácter íntegro, sonriente, generoso, con autodominio y mansedumbre, bondadoso y compasivo, que ayuda a los demás siempre, que perdona siempre, de corazón noble y valeroso, soy amor incondicional. Esa es mi convicción.

Desayuno. Día 4.

—Amado Padre, hoy durante el desayuno me hablas de nuevo, me dijiste:

— Hijo, la autenticidad es el segundo reflejo de la paz —. Te pregunté:

— ¿Cuál es el primero Padre? —. Tú respondiste:

— La humildad, pero de ella hablaremos luego —. Seguiste:

| Día 4 |

—Verás, la autenticidad es aceptarte como eres. La autenticidad es ser desde tu corazón, pues allí puse todo lo que eres. Cuida tu corazón, escúchalo, hazle caso y serás siempre auténtico.

Reflexioné y pensé:

— ¿Cuántas veces he dejado de ser auténtico por no saber escuchar mi corazón? ¿A cuántas personas no habré hecho daño por pretender en algún momento? ¿Cuándo he dejado de ser valiente cuando era necesario? ¿Cuándo he querido insistir por necedad cuando debí dejar pasar? ¿Qué me ha traído pretender? Ciertamente nada más que angustias, dolor y un corazón roto, o varios. No ser auténtico es un pecado que atenta contra el corazón del hombre, pues no lo deja ser. Esta vez no lloré, pero mi corazón se afligió. Pero tú mi Dios Único Verdadero, volviste y me hablaste:

—Hijo, existe una perfecta simbiosis entre el corazón y la mente. Puse en el corazón del hombre todos sus anhelos, lo que lo hace feliz. Hice la mente para hacer realidad los anhelos, por eso el primer órgano que formo desde el vientre de tu madre es tu corazón, el más importante, luego el cerebro, porque es el complemento. Primero debes escuchar tu corazón para que te diga lo que te hace feliz, luego pon tu mente a trabajar para diseñar y crear, eres creador, por eso la creatividad está en tu mente, para convertir tus sueños en realidad. En el corazón está el sueño, en la mente hacerlo realidad. El corazón dicta, la mente ejecuta, así debe ser, así lo creé, en ese orden, así se es feliz. Muchos debaten si hacer caso a la mente o al corazón, mas es una ilusión pensar en una mente emancipada del corazón, es ignorancia. Así lo creé. Es mi ordenanza. Tus pensamientos deben estar orientados y alineados a tus anhelos. Mi hijo caído ha querido engañar al hombre colocando en su mente pensamientos de confusión que lo alejan de los anhelos de su corazón. Siembra la duda, el miedo, la incertidumbre y eso crea infelicidad, confusión. A raíz de esa confusión tomas decisiones erradas, creas convicciones que te alejan de tus anhelos, creas expectativas falsas, juicios basados en mentiras y de allí vienen peleas, disgustos, soledad, corazones

| Día 4 |

rotos, engaños, infidelidad, pasiones desordenadas, abandono, rechazos, baja autoestima, angustias, todo lo que enferma tu corazón. Y aun así buscas la felicidad, pero no la ves llegar, porque así no se es feliz, no lo diseñé así. Pero si logras escuchar tu corazón y disciplinar tus pensamientos para orientarlos a la realización de tus sueños, es allí, mi amado Danny Absalón, donde nacen los propósitos. Un corazón nunca se rinde, la mente sí, un corazón nunca se doblega, la mente sí, ante el miedo el corazón late más fuerte para darte energía y vencer, la mente huye. El corazón es imprudente, la mente es cautelosa, el corazón se atreve, la mente duda. Por eso el corazón es primero, por eso, es donde amo habitar, porque allí es que eres auténtico. ¿Crees que mi hijo caído no atosigó la mente de mi hijo amado durante su pasión? Nadie sabrá jamás los horrores mentales que pasó mi elegido, pues no está en ningún hombre conocer tales apremios, mas permaneció firme en su misión. ¿Sabes por qué? Por su corazón, mi Trono Altísimo más sagrado, mi Lugar Santísimo, mi Arca de la alianza predilecta, mi Autenticidad, mi Templo Santo, mi Lugar de Perdón, es el sagrado corazón de mi amado Hijo Jesús. Su corazón lo llevó hasta el final de su propósito. El corazón, mi amado Danny Absalón, Soy Yo. Escúchalo y me escucharás, cuídalo y me cuidarás, úsalo por delante en tus batallas y allí estaré yo luchando a tu lado. Tu corazón es mi lugar preferido. Es mi hogar—. Y ahora sí lloré.

—Mi amado Señor, cuánto he dañado mi corazón por pretender que mi mente tenía la razón, sin darme cuenta que no se trata de quien tenga la razón, sino de lo que me hace feliz, y hoy me revelas que es siempre el corazón. Quise entregarte mi corazón, mas no puedo porque ya es tuyo. Pero sí puedo cuidarlo, puedo limpiarlo y mantenerlo limpio.

Ahora comprendo cuando Jesús dice que el pecado nace en el pensamiento pero que la vida emana del corazón. Ahora mi responsabilidad como administrador sabio y justo es gestionar mis emociones y mis pensamientos para alinearlos con los deseos que tú has puesto en mi corazón, aquellos que me llevaste a conocer en el día dos. Todo lo haces con un sentido y propósito, pues en este retiro has cambiado todo lo que yo tenía planeado y has ido poniendo en mi corazón lo que hoy se construye como un movimiento para transformar corazones. Mi amado Padre, estoy tan agradecido que solo puedo prometerte una cosa, cuidar mi corazón. Si él está limpio, allí habitas, y ya todo lo demás cae en su propio lugar. Te amo Padre bueno, Tú, mi todo, el tesoro en mi corazón.

Recuerdo que al terminar de desayunar me dispuse a escribir lo que Dios me había dicho. Mientras escribía, un pensamiento pusiste en mi mente: el sufrimiento de María. Y de allí surgió la siguiente contemplación.

Contemplación: **La pasión de María. Día 4.**

—Oh Madre, el Espíritu Santo ha puesto en mi corazón contemplarte, y ha sido inesperada y vívida esta experiencia.

Te acompaño mientras duermes, cuando de pronto, entran a avisarte que han apresado a tu hijo, me tomas de la mano y te sigo. Vamos corriendo a aquel lugar oscuro donde se reúnen los que quieren matarlo, y te preguntas: ¿por qué lo hacen? Si es ilegal reunirse de noche y menos si no están todos los del Sanedrín. Veo tu rostro y estás concentrada viendo desde fuera ese juicio injusto. Ves desde lejos cómo lo escupen y se burlan, y allí comienza tu calvario, brotan las primeras lágrimas. Huelo tu perfume, está mezclado con sudor y lágrimas. Te quedas en vela a la espera del juicio en la mañana. Llega la mañana y allí estás, esperando fuera del pretorio, con incertidumbre de qué pasará.

Recuerdo que me sentía igual cuando esperaba afuera de la sala de operaciones cuando operaban a mi mamá el año pasado, la incertidumbre me carcomía, pero tu espera era diferente, yo tenía esperanza.

| Día 4 |

—Tú ya sabías lo que venía, pues Jesús te había comentado que fueras fuerte y que lo acompañaras en su misión. Allí estás, sentada en un borde esperando, mientras Juan te trae agua en un vaso. Te veo contemplar el agua con mirada perdida y comprendo que recuerdas las bodas de Canaán, donde te sentías confiada en tu hijo, y veo una lágrima recorrer tu rostro afligido y angustiado, y cae en el vaso, el agua se torna roja, no sé si es vino o sangre, no distingo, lo cierto es que la bebiste como trago amargo y comprendiste que así debía ser. Al instante, sacan a Jesús y te levantas de un brinco, buscando verle. Veo tu manto y lo toco, es una tela suave, mas ya está húmedo, has comenzado a secar tus lágrimas con él. De repente, no comprendes por qué comparan a tu hijo con el asesino Barrabás, y la multitud pide que lo suelten.

De pronto, escucho lo mismo que tú, los alaridos de la multitud gritando: ¡Crucifícalo! Y escucho tu corazón latir acelerado por la desesperación, miras a la multitud y reconoces a aquellos que lo escuchaban en la sinagoga, incluso a aquellos para los que tu hijo hizo milagros y allí están, pidiendo su muerte. Pronto llevan a Jesús al lugar de la flagelación. Corres hacia allá para verle y presencias cuando los soldados se burlan de Él colocándole una capa roja, y cuando le pegan con el bastón en la cabeza te duele. Allí tomo tu mano, toco tu suave mano y está húmeda también. Allí me miras con esa mirada suplicante, pero hay algo extraño en ti, tienes el rostro de mi madre terrenal y una expresión en tu mirada que agoniza hasta el alma, me parte el corazón verte así. Luego sigues presenciando la flagelación y sientes cada azote, pues lo que le hacen a Él te lo hacen a ti. Terminan los azotes, sale la multitud a seguirlo a la crucifixión, mas tú corres directo al lugar de la flagelación, te arrodillas en aquel piso de piedra que lastima tus rodillas, y con un dolor punzante en el corazón comienzas a limpiar con tu manto la sangre derramada, trato de ayudarte pero me dejas saber con un ademán que solo te corresponde a ti. Al terminar te levantas, te observo con detenimiento, mi corazón palpita acelerado, me recuerdas a Cristo cuando lo vi el día primero al levantarse del Getsemaní, tenías la misma convicción en el rostro. Veo tu manto y está impregnado de la sangre de Cristo, de

| Día 4 |

tus lágrimas, de la sangre de tus rodillas, del polvo, todo mezclado. Entiendo que eres la primera en comulgar con la sangre de tu hijo. Sales corriendo tan acelerada que no te puedo alcanzar, mas por el apuro tropiezas con una piedra.

Igual me pasa. Caigo en el piso y mi rostro se llena de polvo, me pongo de rodillas y escupo el polvo de mis labios, sabe a muerte y traición. Mas te veo, aprovechaste la caída para colocarte de rodillas y clamar piedad al Padre, piedad por tu hijo. Dios calla, está en silencio, y tú en vez de renegar, lo alabas y pides fortaleza. Tomo tu mano y me agarras fuerte, y siento el polvo, la sangre, las lágrimas, todo mezclado en tus manos y me lleno de angustia al escuchar tu llanto amargo. Luego divisas que va pasando tu hijo amado y sales corriendo a su encuentro, yo me quedo allí y presencio lo que cambió mi percepción de tu maternidad: Jesús y tú cruzan miradas. Esa mirada me hipnotiza, no dicen palabra alguna, mas se hablan con la mirada, Él te dice:

—Es por amor —y tú le dices:

—Aquí estoy.

Me recuerdas a mi madre acompañándome a mis partidos de fútbol en la escuela, o a mis presentaciones musicales con los coros en los que he estado, diciéndome también: "Aquí estoy". Mas tú hoy acompañas a tu hijo en su propósito de vida, en su misión, y aunque vaya camino a la muerte y eso te desgarre el corazón, allí estás, acompañándolo, haciéndole saber que no está solo. Luego corres despavorida hasta llegar al calvario. Trato de seguirte hasta que te encuentro entre la multitud. Allí estás, agitada, jadeando y llorando. De pronto, incrustan el primer clavo, y tú gritas un dolor agonizante. Clavan el segundo, y te llevas el manto ensangrentado al rostro. Clavan el tercero, allí caes de rodilla, y presencio algo que ningún ojo ha visto y que el Padre me dio permiso para compartir. Allí arrodillada, en la agonía de ese tercer clavo, tomas el polvo del calvario con tus dos manos y lo contemplas, recuerdas la escritura cuando Dios habla de la humanidad: polvo eres y al polvo volverás, y comprendes tu misión. Ser la madre que carga la humanidad en sus manos. Y en un acto excelso de humildad, te vi

| Día 4 |

levantar las manos a los pies de Cristo, ofreciéndole ese polvo, y en ese instante comprendí que tú solo deseas llevarnos a los pies de Cristo. Ese fue tu tercer sí a Dios. El primero en tu anunciación, el segundo en acompañar a Jesús en su pasión, y el tercero el aceptar ser la madre de la humanidad. Aceptar es tu humildad.

Te levantas al percibir que se aproxima la hora y te acercas con Juan al pie de la cruz, yo los sigo. Allí se confirma tu promesa: "Madre he allí a tu hijo, hijo he allí a tu madre." Aún en su lecho de muerte Jesús es Hijo a la vez que es Salvador, y entrega tu cuidado a su discípulo amado para que no estés sola. Te escucho decir algo que no entiendo, luego me miras y aún no comprendo lo que dicen tus labios. De repente, puedo escucharlo:

—Es por amor —repites varias veces.

Me recuerdas a mi bisabuela, mi pedacito de cielo, que cuando su hijo, mi tío abuelo, estaba en el hospital luego de una infección por piedra en los riñones, 2 derrames y un infarto, ella repetía día y noche por días consecutivos: "yo sé que él va a estar bien", y ni los doctores se explicaron cómo sobrevivió a eso y sin secuelas. Yo sí, por fe. Pero tu aceptar es diferente, repites: "es por amor". Y allí te veo abrazar a Juan. Extiendes tu mano y me halas hacia ustedes y nos abrazamos los tres. Y allí, a pesar de la escena de muerte, siento tu afecto de madre, a pesar de que los tres nos embarramos de la sangre, polvo, lágrimas y sudor de tu manto, me siento en familia, y rompo en llanto con ustedes. Luego escuchamos:

—Padre en tus manos encomiendo mi espíritu —y allí, viendo a tu hijo elevado por encima de todo hombre, te colocas en el centro, frente a la cruz del calvario, Juan a tu derecha y yo a tu izquierda. Y en el preciso momento que Cristo grita, te unes a su grito de dolor, es un grito ensordecedor, no se oyen dos gritos, es un grito que armoniza entre madre e hijo, un grito que hace eco en toda la humanidad.

Siento que el grito encierra todo el Universo y que cada corazón escucha, y ese grito que se hace uno con tu hijo, es el grito de la salvación del hombre.

| Día 4 |

—Madre Santísima, cuánto me he alejado de ti por no querer caer en la adoración de ídolos. Mas tú no eres un ídolo, ni compites con Dios, eres la madre que ha sufrido más que nadie la pasión y muerte de mi Señor, y si mi madre terrenal ha sufrido las desventuras de mi corazón y mis traiciones como si se lo hicieran a ella, cuánto más tú habrás sufrido la muerte injusta de tu hijo el Redentor. Ya no te veo como un ídolo que la gente busca que haga milagros o apariciones, sino como la madre que ora por mí al igual que mi madre terrenal, y que a pesar de mis iniquidades y errores, siempre estarás dispuesta a mirarme y decirme: "Aquí estoy". Te amo madre.

Y rompí a llorar.

Almuerzo. Día 4.

Y hoy, para mi sorpresa Padre bueno, en el almuerzo me colocan ensalada de chayote como la hace mi madre. ¡Qué belleza!

Me hablaste:

—Hijo, ¿Ves cuál es la fuerza de mi amor? ¿El amor incondicional? Ese amor que llevó a mi hijo amado a la Cruz también llevó a su madre María a acompañarlo. Ese es el amor que quiero para ti. Ahora que lo has liberado debes practicarlo.

Y fue así como surgió el siguiente ejercicio espiritual.

EE3. Los cuatro amores incondicionales. Día 4.

Hay cuatro tipos de amor incondicional que debía practicar para cada uno de los siguientes niveles: primero a Dios, segundo a la familia y amigos, tercero a la pareja y cuarto a uno mismo. Fue revitalizador para mi espíritu realizar este ejercicio, el más difícil pero el más fructífero hasta el momento. Debía imaginar situaciones adversas o pruebas que Dios me había permitido vivir, actitudes negativas de mis familiares, la pareja y las propias; todo lo que podía causar daño a mi corazón, y luego tenía que

Día 4

visualizarme respondiendo con amor incondicional para cada situación puntual.

Primer Amor: Dios.

Recordé muchas de las pruebas por las que he pasado e imaginé otras que podían venir. Le escribí:

—Oh mi Dios, fue difícil todo lo que pusiste en mi mente, mas confié y te adoré en todo momento. En cada prueba que pasó por mi cabeza, mostré gratitud porque estaba seguro que lo permitías por mi bien. Me hiciste ver con claridad que la Fe es la certeza de lo que se espera (allí es donde entra el corazón porque guarda los anhelos) y la convicción de lo que no se ve (allí es donde entra la mente que es la que hace realidad los anhelos). Me mostraste que mi gran insuficiencia era en la segunda parte: convicción de lo que no se ve. Es decir, que mi mente alinee mis pensamientos con los anhelos de mi corazón, aun cuando mis ojos no lo ven. Así pues, me enseñaste que te muestro mi amor incondicional cuando confío en que concederás lo que has puesto en mi corazón porque me hace feliz, aunque no lo vean mis ojos. Qué difícil es creer y esperar cuando no puedo ver aún que se están cumpliendo mis anhelos. Pero dice Pablo: "¿Qué es esperar si se puede ver?, eso no es esperar, pues la verdadera espera está en lo que no se ve".

—Oh mi amado Señor, me ha costado confiar en ti, en las personas, en mí, ese ha sido el talón de Aquiles de mi Fe. Mas ahora me muestras que así es como te expreso mi amor incondicional, confiando ciegamente en ti. Te entrego toda mi confianza, ciega y abandonada en tu voluntad, confío en ti." Y me diste paz.

Segundo amor: Familia y amigos.

Imaginé actitudes negativas de mis padres y hermanos para conmigo, y me imaginé reaccionando con amor incondicional. Así me mostraste un secreto guardado para los que aman tu sabiduría:

— Cada vez que hables con alguien, ya sea que tenga actitudes negativas o positivas, escucha tu corazón y pregúntate: ¿Qué anhela tu corazón con esa persona? Y redirige tus pensamientos a eso que anhela tu corazón. Si tu hermano menor te está tratando de imponer su punto de vista, ¿qué anhela tu corazón?

—Reestablecer la fraternidad —pensé. Contestaste:

— Entonces escucha y valora su opinión, porque eso es lo más importante. Demostrar que él está equivocado no gana su corazón, hacerlo sentir escuchado y valorado sí, y si te pide un consejo entonces dalo, pero dalo con ternura. También, si tu papá está tratando de explicarte algo y sientes que su consejo no es bueno o consideras que te está criticando tu forma de ser, ¿qué anhela tu corazón?

—Reestablecer la filiación Padre-Hijo —pensé.

—Entonces agradece su preocupación como padre, aunque no acojas el consejo si no lo consideras bueno, pero agradece que se preocupa y que intenta aconsejarte, piensa que está intentando recuperar tiempo perdido, así no juzgarás y le hablarás a su corazón, se sentirá escuchado y tomado en cuenta. Igual para tu madre, igual para todos. Así se habla con el corazón del otro. Primero, siempre escucha a tu corazón, identifica qué es lo que anhelas y dirige tus pensamientos y palabras hacia eso que anhelas, eso es comunicación empática y efectiva. Cuando escuchas con el corazón puedes oír lo que en realidad el corazón del otro quiere decirte, aunque sus palabras y actitud no sean las adecuadas. Así se da la comunicación desde el amor incondicional, escuchar con el corazón, pensar desde el corazón, y hablar por el corazón... así se gana corazones. Hablar con el corazón es un arte, y solo lo dominan los que escuchan con el corazón.

Tercer amor: La pareja.

Visualicé un sin número de situaciones y me esforcé por actuar con el corazón y dar amor incondicional. Al terminar me dijiste:

—Hijo, cuando uno escucha con la mente discute, cuando escucha con el corazón reconcilia. Escúchala desde tu corazón para que escuches el corazón de ella. Piensa en lo que ambos corazones anhelan, dirige tus pensamientos y habla desde el corazón. Escuchar con el corazón es la clave de toda relación. ¿Qué anhela tu corazón?

—Un matrimonio construido en el amor verdadero —pensé.

—Entonces tus actitudes deben ir acorde a eso —me dijiste. Y mientras digería lo que me enseñabas, agregaste:

—Alinea tus pensamientos a eso que anhelas con tu pareja y actúa como tal, siempre con ternura, pues el trato amable y cariñoso en una discusión minimiza al máximo los daños colaterales que se pueden dar por los gritos, que son el peor catalizador de las discusiones que hieren el corazón. Sé un romántico empedernido. ¡Vamos, eres escritor! Consiéntela, muéstrale tu afecto. Lee sus actitudes desde el corazón, y cuando esté disgustada abrázala y hazla sentir protegida, pues eso anhela su corazón y el tuyo también. Aprende a leer su corazón para que siempre le hables desde allí, así la harás la mujer más feliz de este mundo, y donde hay una mujer feliz, hay un hogar feliz. Y no hay nada más reconfortante para un hombre que estar feliz en el lugar donde reposa su cabeza. Mientras ven una película, abrázala para que sienta seguridad. Todo esto es dejar el egoísmo a un lado y vivir una entrega completa, es amor incondicional. Háblale bonito siempre, aún en la discusión, abrázala y bésala, eso alimenta su corazón, no tus palabras, hacer sentir es llegar al corazón. Dile lo hermosa que se ve, díselo mirándola a los ojos con convicción, para que sea desde el corazón. Trátala como una reina, trata a su corazón con igual respeto y amor con el que Yo trato al tuyo. Hazla reír, hacerla reír también alimenta su corazón, más que las memorias y los recuerdos, porque se puede vivir sin ellos, incluso olvidarlos con el tiempo, pero si alimentas su corazón, nadie puede vivir sin ese alimento, así serán una sola carne, de eso se trata, es ser un solo corazón. Hacer uno el corazón es el secreto de toda relación, es mi mandato y así lo diseñé. Mientras no se hablen desde el corazón no gozarán de la gracia del amor incondicional. ¿Qué no ves que cuando dos personas discuten se gritan aunque estén cerca? ¿Sabes por qué? Es porque sus corazones se están alejando; por eso se gritan, para que esas palabras hirientes lleguen al lugar más preciado, y ese es el peor error de una pareja. El corazón es lo que une a la pareja y la hace irrompible, no los recuerdos, no las memorias, esos son solo el postre para el corazón, y los postres están hechos para degustar y endulzar un momento, pero cuidar sus corazones, comunicarse desde el corazón, amarse desde el corazón los hará una sola carne, inseparable, irrompible, un amor para toda la vida.

Permanecí un momento en sosiego, reflexionando en aquella sabiduría que me acababas de revelar. Te escribí:

—Oh mi amado Padre, ahora veo cuán equivocado estaba, yo pensaba que crear momentos era amar de verdad. Ahora elevas mi amor humano a un amor incondicional y me entregas tu verdad: Cuidar su corazón, hablarle desde el corazón, ser un solo corazón, una sola carne, así se construye un para siempre, es amar de verdad.

Y en ese momento comprendí el verdadero significado del símbolo universal del amor, un corazón.

Cuarto amor: Yo.

Recordé mis actitudes negativas, esas que me han traído tantas angustias, que han lastimado a otros y me han lastimado a mí. Mostré amor propio en cada actitud y no te hiciste esperar, cuando hablaste:

—Hijo, debes cambiar tus malos hábitos. Los hábitos ordenados te ayudan a que tu corazón esté ordenado, y por tanto, tus pensamientos estarán ordenados. ¿Por qué exponerte a resolver todo a última hora? Planifica, cumple lo que prometes, dale valor a tu palabra, saca tiempo para tu familia, haz ejercicio y come bien, diviértete y sal a sonreír con los amigos, mantén tu espacio de soledad y cultiva el silencio, ora y madura espiritualmente, lee y desarrolla tu carácter, enfócate en tu visión y cuida tu corazón. ¿Por qué estresarte por el tráfico? Ten paciencia. Sé responsable, llega a tiempo. Sal de tus deudas y administra tu dinero de forma responsable. Crece a nivel profesional. Todo esto es amor propio, sin embargo, la mayor muestra de amor propio es servir.

Día 4

Solo quien sirve conoce el significado de amar, y es a través de tu propósito que encuentras tu máxima forma de servir a mis designios, de servir a la humanidad, de ser el más auténtico *tú* que puedas ser, es el mayor acto de amor para mí, para tu familia, para tu pareja, para la humanidad, para ti mismo. Sirve con propósito y se acabarán todas las interrogantes de tu existencia.

—Amado Padre, cada una de tus respuestas caló en mi pecho, justo en mi corazón. Este ejercicio solo me ha traído paz, mucha paz. Ni una lágrima he derramado, solo una paz que abraza mi existencia. Ahora mi nuevo estilo de vida es el amor incondicional en todos los aspectos de mi vida.

Al terminar este ejercicio logré identificar todas las veces que me había permitido sufrir por no haber actuado con amor incondicional, todas las veces que tuve que sobrellevar el dolor de una decepción, o que tomé decisiones basadas en lo que me habían hecho sentir y no en lo que había en mi corazón, todas las peleas que laceraron tanto mi corazón como el de la otra persona, las veces que fui impaciente ante las pruebas y me desesperé porque no confié, las veces que entristecí luego de que alguien no cumpliera con mis expectativas, o que no fuera recíproco con lo que yo daba, las veces que no escuché y que causé daño, las veces que me sentí traicionado porque la otra persona no actuó como yo hubiese actuado, las veces que juzgué basándome en mi experiencia y en lo que yo creía correcto, o todo los estrellones que me di por no querer cambiar mi forma de pensar o pretender tener la razón, todo fue falta de amor. Recapacité y me percaté que había un común denominador en estos comportamientos: Miedo.

Hablaste:

—Así es hijo mío, lo contrario al amor es el miedo. Es por temor que no se deja ser al amor. Verás, el hombre tiene miedo a amar porque teme salir lastimado, sin darse cuenta que el miedo es lo único que le impide amar. Por eso mi amor es para valientes. Muchos me piden conocer el amor pero tienen miedo. Ya viste tú a dónde te ha llevado el miedo. Dentro del amor no cabe el miedo,

| Día 4 |

porque el miedo no es mi creación, es un invento de tu mente, es la mejor estrategia de mi hijo caído que te aleja de tus anhelos. No hay ningún anhelo que yo haya puesto en tu corazón que se construya con el miedo, todos se construyen con base en el amor incondicional. Por tanto, el miedo te hace infeliz, porque no es amor. El miedo te lleva a tomar decisiones que van en contra de lo que yo he puesto en tu corazón porque no es amor. El miedo te hace cobarde ante las pruebas que te permito pasar porque no es amor. El miedo te hace levantar barreras para que no entren a tu corazón, sin darte cuenta que esas mismas barreras te encierran para que no puedas salir, porque no es amor. Verás, el miedo es una trampa para no amar, una trampa mortal, porque te hace estar muerto en vida. Solo piénsalo así, ¿Cuál ha sido el resultado de actuar con miedo? Siempre tristeza. Ahora ¿Cuál ha sido el resultado de actuar con amor? Siempre felicidad. Entonces no tengas miedo hijo mío, por algo te lo repito tantas veces en mi Palabra: No temas. El miedo es no confiar en mí, es no amarme, y eso me entristece. No tengas miedo.

—Oh mi amado Señor, tus palabras se han clavado como flecha ardiente en mi alma. Ahora sé que tener miedo es no amarte, esto ha desgarrado mi corazón profundamente y me ha llevado a replantear mi forma de pensar. Mi amor por ti mi Dios es más fuerte que mi miedo, y yo quiero que sientas mi amor, no quiero que entristezcas por ser yo un cobarde, sino alegrarte por actuar con valentía y coraje ante las pruebas, que te sientas orgulloso de mí por amar sin condición, a pesar de todo.

Y así fue como nació el siguiente cuestionamiento.

Tercer cuestionamiento: Día 4.

En este cuestionamiento surgió la interrogante: ¿Por qué tengo miedo? Tus respuestas, como ya esperaba, me dolieron:

— Por ignorancia. La mente teme a lo que desconoce, por eso, el miedo es un simple truco de ella que se acobarda por no saber, tratando de protegerte de un posible peligro. Y si dejas que esto te controle, entonces no harás nada por temor, no vivirás, pues vivir

Día 4

es arriesgarse. Tienes miedo porque tus ojos no ven. Necesitas confiar en mí, deja de esperar ver para luego creer, y así no tendrás miedo. En cambio, el corazón no teme, y late igual cuando estás nervioso que cuando estás emocionado, siempre listo para actuar. Verás, no hice tus ojos para ver, sino para enfocar, para ver está el corazón. Tus ojos deben enfocar lo que le dictan tus pensamientos que obedecen a lo que ve tu corazón, así funciona. Pero si en tus pensamientos hay miedo, es porque estás tratando de ver con los ojos, y como no lo ves, sientes temor. Pero si ves con el corazón, que ve lo esencial de la vida, nunca tendrás miedo, porque el corazón sabe adónde va. Quiero decir que todos tus sentidos deben estar enfocados en obedecer los anhelos que guardas en tu corazón. El corazón siempre sabe adónde tiene que ir, entonces que tus pensamientos, tus emociones y tus sentidos se alineen con él, así dominarás todo miedo, vencerás la ignorancia, porque es en el corazón donde deposito mi sabiduría, pero solo cuando está limpio. Por tanto, si no cuidas tu corazón y lo ensucias, no tendrás mi sabiduría, tendrás un corazón ciego, y tendrás miedo. En cambio, si cuidas tu corazón pondré en él mi sabiduría que te guiará siempre, alumbrando cualquier oscuridad, y así verás con claridad el camino a tus anhelos, el sendero de tu felicidad.

Al instante me atreví a preguntarte:

—Padre, y ¿cómo cuido mi corazón para que esté limpio? —respondiste sin hacerte esperar:

—Debes cuidar tus sentidos, pues con ellos percibes la realidad, de allí va a tu subconsciente y luego pasa a grabarse en tu corazón. Es decir, lo que ves, lo que hueles, lo que escuchas, lo que tocas, lo que sale de tu boca, es la forma como percibes la realidad. Por tanto, en la visión, si te la pasas viendo cosas que no son sanas como pornografía, o tienes ojos de lujuria, o lees algo que alimenta tu mente de pensamientos nocivos y obscenos, o te la pasas viendo hechos violentos, actos de ira, envidia o de maltrato, o cualquier cosa que sea impura o libertina, entonces estarás contaminando tu corazón. En la audición, si escuchas música soez, o decides oír y hacer caso a lo que dice una persona en particular y eso no va acorde con mis leyes y principios, eso ensucia tu corazón. En el tacto, si tus manos no trabajan por construir tus sueños, sino que las utilizas para el ocio, o para conseguir vicios, ensucias tu corazón. En el olfato, si tu aroma, tu esencia, lo que emana de ti es una actitud de crítica, quejumbrosa, llena de envidia, que provoca divisiones, o cualquier actitud que no construya la paz, ensucias tu corazón. Y en el gusto, si la palabra que sale de tu boca es queja, amarga, vulgar o no construye al otro, si dices mentiras o no cumples tu palabra, eso ensucia tu corazón, pues recuerda lo que digo en mi Palabra: "de lo que habla tu boca, estará lleno tu corazón", y si hablas mal ensucias tu corazón.

Verás, tu corazón es un músculo y hay que ejercitarlo; la forma de hacerlo es con las pruebas de la vida, porque es allí donde se hace fuerte, al superarlas con valentía. Mas el miedo te impide hacerlo así, por eso, tendrás un corazón débil y que tiemble ante las dificultades de la vida. Pero si confías en mí, te aferras a mi palabra y enfrentas tus pruebas con valentía, entonces tu corazón se hará fuerte, un corazón valeroso, capaz de surcar los mares de mi Amor.

Quedé reflexivo por algunos minutos y agregaste:

—Sé valiente, no temas hijo mío, porque Yo estoy contigo.

Y así permanecí un tiempo, recapacitando sobre el miedo, mientras te escribía:

—Oh mi Dios, ¿Cuánto me he perdido por vivir con miedo? ¿Cuánto he ensuciado mi corazón permitiendo que el fango del pecado entre por medio de mis sentidos? Ahora me muestras que la infamia de dudar o temer ante las pruebas es no amarte, y me duele saber que has podido sentir que no te he amado mi Señor. Padre, quiero hacer un firme propósito de abrazar mis pruebas con valentía, confiando ciegamente en tus promesas, de cuidar mi corazón para que puedas habitar en él y te sientas a gusto en tu nueva morada, y así podamos ser uno, un solo corazón, Tú y yo, un solo amor.

Día 4

Al terminar el cuestionamiento me dispuse a reposar y tener un momento de recogimiento para meditar lo que mi Padre me acababa de revelar. Tuve la oportunidad de leer un pedacito del diario de Santa María Faustina Kowalska, y quiero citar varios numerales:

118 : "Para poder oír la voz de Dios, hay que tener la serenidad en el alma y observar el silencio, no un silencio triste, sino un silencio en el alma, es decir, el recogimiento en Dios."

477: "El silencio es un arma en la lucha espiritual. El alma silenciosa es fuerte, es capaz de la más profunda unión con Dios, en el alma silenciosa Dios obra sin obstáculos".

Pienso en el silencio de Jesús y me parecen tan veraces estas palabras. Mi alma se ha fortalecido en este silencio y Dios me ha hablado en este recogimiento como jamás lo había percibido, definitivamente el silencio ha sido la salvación de mi espíritu.

552: "El Espíritu Santo no habla a un alma distraída y charlatana. Por medio de sus inspiraciones habla a un alma recogida, a un alma silenciosa."

888: "El silencio es el lenguaje de Dios". Lo que dice es tan veraz, en este silencio me has hablado más que nunca. O más bien, te he escuchado más que nunca.

Cena. Día 4.

—Oh mi amado Padre, me sorprendes en todo momento, el banquete es cada vez mejor. Ya me estoy engordando pero de tanto amor, porque aquí me aman tanto que hasta la dieta Keto me cocinan, no sé ni por dónde comenzar. De pronto me hablaste:

—¿Por qué quieres todo a la vez? Con paciencia es que se logran los resultados esperados. Verás hijo mío, la paciencia no es solo una virtud, es una de mis leyes, solo a quien es paciente le llegan mis bendiciones, porque ser paciente es esperar en Mí, esperar es confiar en Mí, confiar en Mí es amarme. Sé paciente y recibirás.

| Día 4 |

Reflexioné lo que me acababas de decir, cuando volviste a preguntar:

— Hijo mío, ¿cómo te sientes? —. Yo te respondí:

— Realizado —y Tú me dijiste:

— El silencio te hace fuerte, cultívalo, pues allí es donde oyes mi voz, donde oyes tu corazón y donde oyes el corazón del otro. Cuando hay ruido no se puede escuchar. Hay una forma de cultivar el silencio estando en el ruido del mundo, y te lo revelaré en su momento.

Mi mente divagó tratando de buscar la respuesta, luego recordé tus palabras: sé paciente. Y dejé de divagar, y me dispuse a disfrutar mi limonada con una sonrisa en el rostro, una sonrisa de paz. No te hiciste esperar cuando hablaste otra vez:

—Amar en silencio purifica el amor, lo hace grande, lo desarrolla a un nivel que supera el entendimiento, lo fortalece, lo hace crecer hasta llegar a convertirse en tu mayor fortaleza, y cuando esto sucede, hijo mío, te conviertes en instrumento de mi amor, en un cristal que refleja mi luz transformadora de existencias, te conviertes en mi antorcha que enciende la llama del corazón, evolucionas, y te transformas en un avivador de corazones.

Mi corazón palpitó de forma acelerada, reconocí la emoción del epíteto que me acababas de dar: Avivador de corazones, y fue allí donde comprendí que debía compartir nuestras conversaciones, y nació Cartas al Silencio.

Segunda actividad: Cartas de los seres queridos. Día 4.

Más tarde, en mi actividad de la noche, me dispuse a leer las cartas que mis seres queridos me habían escrito y que me habían entregado el día antes de iniciar el retiro de silencio. Me costó no leerlas al instante, mas valió la pena esperar hasta hoy.

A medida que las leía, no hice sino darme cuenta que he sido ciego para conmigo mismo, mi ceguera había sido tal que no distinguía ni mi propio reflejo. Todo lo que han escrito me ha llegado al corazón. Mas se clavó en mi alma una frase que me sacó las lágrimas:

Día 4

"Suerte en tu camino querido Danny, y quiero parafrasear para ti algo que una vez le dijeron a la princesa Diana:

—Eres amor puro, solo sabes dar amor y pasión, mostrándolo en todo lo que haces y tocas, pero das tanto y tanto amor, que el amor que recibes de otro queda tan insignificante que parece que no lo recibes, sin embargo y a pesar de eso, no dejas de amar.

Sigue siempre adelante, sin mirar atrás, pero tú seguro de que cuando mires atrás nos verás a todos los que seguimos tus huellas caminando detrás de tus pasos."

Desconocía lo hermoso que ven los otros en mí, y que muchas veces yo no veo. Al principio pensé que era humildad, pero caigo en cuenta que es falta de amor propio, pues si tú, amado Padre, me vez así, con tantas virtudes, ¿cómo yo permito tantas malas actitudes que nublan esas virtudes? o ¿Cómo me dejo caer en baja autoestima al pensar que no soy digno? Me dolió no haberme valorado por quien soy. Ahora, a través de mis seres queridos me has abierto los ojos a mi realidad, soy tu imagen, soy ejemplo de tu amor incondicional, aún en medio de mis imperfecciones. Tú vives en mí, y te tengo tan clavado en mi corazón que se me nota, el único que no lo veía era yo. Padre, con esta experiencia transformadora abres mis alas como águila para que eleve el vuelo más alto de todo ser humano, el vuelo de la libertad. Y ahora que soy libre, puedo amar sin condición.

Día 5

—Padre bueno, me has regalado una mañana lluviosa, dormí un poco más. ¿Quién no lo hace en una mañana lluviosa? Sonreí, no solo por dormir un poco más, sino porque me percaté que tendría que mover el horario que había establecido, mas lo hice alegre, sabiendo que no todo debe ser exacto como lo planeé, es más, hasta ahora nada ha salido como lo había planeado, más aún, Tú has cambiado todo y me has sorprendido de sobre manera.

Oración Matutina

—Amado Señor, hoy en mi oración de la mañana me dijiste:

—Confía en mí —. Yo te respondí:

—Confío en ti Padre —, mas Tú me reprochaste:

—Confía más, inmensamente más. Yo soy Dios de los imposibles.

—Oh mi Dios, ¿Cuánto me ha costado confiar más en ti, creer en tu poder, en que lo imposible es tu especialidad, en que te encanta sorprender? Y te comprendo por completo, a mí también me gusta sorprender, y de tal manera que la gente se queda atónita. ¿Cuánto más Tú no querrás sorprenderme y quede yo con la boca abierta y el corazón rebosante? Confío mi Señor, confío más, inmensamente más.

Padre bueno, he tenido sueños que me has pedido no revelar, mas sí me pediste que escribiera esto: "Sueñas lo que llevas en tu corazón" —. Me hablaste:

— Hijo, no todo tiene que tener una estructura. Es cierto lo que te escribieron ayer en las cartas. Si bien hay que planificar los proyectos, hay momentos y oportunidades que te envío para que

| Día 5 |

las disfrutes. Si las planificas, ¿cómo te voy a sorprender? Permite que los momentos se den solos, deja descansar tu mente y guárdala para tus grandes propósitos, que esos sí hay que planificar, aunque también allí te sorprenderé. Solo estate atento a tu corazón, él sabe cuándo es el momento de planificar y cuándo de dejarse llevar.

—Oh mi amado Señor, llevo mucho tiempo planificando todo, pero me doy cuenta que es querer controlar. No todo debe ser planificado, pues debo darle espacio a la espontaneidad. Quiero que me sorprendas Padre bueno, dejarme atrapar de las maravillas que tienes para mí, y así disfrutar más el sabor de la incertidumbre. Siempre he querido saber qué resultados puedo obtener, sin embargo, me pierdo de la magia del asombro si no me dejo sorprender. Sorpréndeme mi Dios, déjame con la boca abierta de tus asombros —. Y sonreíste, no te vi, pero sé que lo hiciste.

Desayuno. Día 5.

Estaba ansioso por tus palabras de la mañana, mas no llegaron. Decidí aceptarlo, dejarme llevar y disfrutar el desayuno. Me hablaste cuando menos lo esperé:

—Hijo mío, tu corazón es bello, ya te enseñé cómo cuidarlo a través de los sentidos, mas ahora debes mantenerlo sano —. Respondí:

—Y ¿Cómo lo mantengo sano Padre? ¿Haciendo ejercicio?

—No, con tus emociones. Verás, las emociones que enferman tu corazón son el miedo, la duda, la angustia, el egoísmo, la indecisión, la grosería, la cobardía, la amargura, la depresión y la desesperación. Busca movimientos del espíritu que evoquen emociones que fortalecen y ejercitan tu corazón, como lo son: la compasión, la generosidad, la ternura, la alegría, la valentía, el optimismo, la determinación, esas fortalecen tu corazón. Recuerda entonces que debes dirigir tus pensamientos hacia tales cosas. Tú sabes la cadena de la vida para cambiar tu destino, te la he enseñado antes: Primero son tus creencias, luego tus pensamientos, luego tus emociones y sentimientos, luego tus actitudes, luego tus hábitos, luego tu carácter y por último tu

Día 5

destino. En ese orden lo he creado. Todo inicia con lo que crees. Y el creer se forma en el corazón, crees lo que allí hay, por eso, en mi Palabra digo: "Cuida tu corazón porque de él mana la vida". Tus creencias se definen según lo que haya en tu corazón, por eso, si te pasa algo malo, o si lo percibes como tal, y diseñas una creencia equívoca basada en esa experiencia de dolor, esa creencia estará allí, y toda la cadena seguirá esa creencia, tus pensamientos serán basados en esa creencia, tus emociones y sentimientos también, tus actitudes también, tus hábitos igual, tu carácter también y tu destino será regido como tal, y cometerás los mismos errores una y otra vez, y no serás feliz. En cambio, si buscas mi sabiduría, entenderás que he allí tu libertad, eres libre de elegir lo que crees. Así eliges lo que rige tu corazón, y mi sabiduría siempre te llevará a elegir lo que sé que te hará feliz. Hijo, vigila tus creencias, todas tus creencias, porque de ellas dependerá tu destino.

—Oh mi Padre Amado, esto que me revelas es tremendo. Yo creía que creer estaba en la mente, y ahora comprendo por qué cometía los mismos errores una y otra vez, porque trataba de cambiar mis pensamientos, pero tu ley es tu ley, y ellos siempre obedecen lo que hay en el corazón. Debía cambiar mis creencias pero desde mi corazón. ¡Cuán equivocado estaba!, y cuánto sufrí e hice sufrir por ignorancia de este principio que hoy me muestras. Es momento de revisar mis creencias, ahora que me has llevado a conquistar mi libertad, soy libre de elegir las creencias que hay en mi corazón —y no te hiciste esperar para responder:

—Así es mi hijo amado. Para revisar tus creencias mira tus emociones. ¿Qué sientes cuando te corrigen? ¿Te enojas o te incomodas? Si es así es porque crees que no debes ser corregido, entonces eso es ego. ¿Qué sientes cuando alguien dice algo que va en contra de lo que tú piensas? ¿Saltas a explicarte y tratar de hacerle ver tu punto de vista? Entonces es orgullo. ¿Qué sientes cuando alguien te abandona? ¿Das espacio? ¿Luchas por ella? ¿O haces lo imposible por traerla de vuelta? Pues depende de cuánto crees que vales tú y cuánto valoras a la otra persona. ¿Qué haces ante la injusticia? ¿Actúas con valor o prefieres quedarte callado? Depende si te crees valeroso o temeroso. ¿Cómo actúas ante los retos y dificultades, ante las pruebas del corazón? ¿Las afrontas con valor, das la cara y buscas cómo sobresalir, o huyes y te escondes para no sufrir? Depende si crees que vienen de mí y que quiero fortalecerte y educarte, o si crees que eres cobarde y mejor huyes. ¿Cómo actúas cuando un taxista te tira el auto cuando manejas? ¿Le gritas que se vaya al infierno o no haces, ni dices, ni sientes nada? Depende de cuánto crees que vale tu paz y si un taxista merece que por un segundo de su arrebato tú cortes tu conexión conmigo. ¿Qué haces con la palabra que escuchas en la misa? ¿La escuchas y al día siguiente se te olvida, o la meditas, la guardas en tu corazón y la pones en práctica todos los días? Depende de si crees que ponerla en práctica, como dice mi hijo amado, es lo que te hará feliz, o si crees que eres un buen creyente por ir a misa y punto, ¿Qué vale más? Siempre sopesa eso.

Verás hijo, tus creencias son tu libre albedrío. Es mi mayor muestra de amor para ti, tu libertad de elegir, ya que puedes incluso elegir no creer en mí, ni en mis palabras, pues esa es tu libertad, mi regalo para el hombre. Soy un caballero, y solo llego cuando se me busca, y si me buscas en silencio, allí es donde hablo directo a tu corazón. Si decides apartarte de mí lo respeto, y con mucho dolor me retiro, con la esperanza que en algún momento necesites el silencio, y allí estoy siempre esperándote. En tus manos he puesto tu felicidad, yo lleno los vacíos sí, pero solo lleno los espacios vacíos, si tienes tu corazón lleno de creencias que te llevan a ser infeliz, ¿cómo voy a entrar Yo? Por el contrario, si decides vaciarlo, mi Espíritu Santo te ayudará, y te guiará con mi sabiduría, no será fácil, tú lo sabes, pues esa es la batalla que has estado librando en los últimos tres años que te he preparado para este momento, sobre todo en los últimos 4 meses donde tus encuentros conmigo y con mi hijo amado han sido vívidos. Cuando pediste mi sabiduría aquella noche, decidí dártela. Ella te disciplinó primero, te llevó a vaciar tu corazón de las creencias que te esclavizaban. Y ahora que eres libre y que se ha vaciado tu corazón, he entrado Yo para darte un corazón nuevo, un corazón de carne, un corazón puro y

| Día 5 |

sincero, que ama a pesar del dolor, que no se rinde, un corazón de mi hijo. Ahora es momento de tu libertad, de redefinir tus creencias, y estas te llevarán a conquistar tus anhelos y propósitos. Yo te prometí mi presencia si guardabas mis palabras en tu corazón, y así lo has hecho. Yo soy tu Padre fiel, no soy hombre para mentir ni fallar a mi palabra, por eso, hoy te digo: ¡Atrévete! Conquístate y conquistarás, eres mi león, eres mi águila, mi elegido para la misión que te he encomendado. Yo voy por delante de ti abriendo caminos, juntos surcaremos mares desconocidos para ti, mas permanece confiado y no temas, pues has abierto las puertas de mis bendiciones al darme tu corazón, ahora es tu momento Danny Absalón, Yo soy tu Dios, y estoy contigo. Atrévete hijo mío, atrévete a ser feliz, tienes todo para serlo.

Y cuando pensaba que ya no me quedaban más, brotó en mi mejilla una lágrima, ya no penitente, sino una lágrima diferente, de felicidad. Te dije:

—Señor, este retiro puede cambiar la vida de muchas personas, tal como Tú lo has diseñado. Yo planeé algo pero Tú lo has cambiado todo, convirtiéndolo en una experiencia transformadora, yo solo soy un instrumento de tu amor. Y me diste tu respuesta más corta del retiro hasta ahora:

—Eso es humildad.

—Ahora reconozco que todo viene de ti, estamos en este mundo solo para ser administradores de tus bienes, llámense dones, talentos, nuestro propio corazón, nuestra mente, las pruebas, todo viene de ti porque es tuyo, reconocerlo y vivir así es la humildad. Nada es nuestro, mas Tú nos confías el cuidado de tus bienes para administrarlos, y depende de cómo los administremos aquí en la tierra, así nos confiarás allá en el cielo, si te somos fieles en lo poco lo seremos en lo mucho. Mi creencia ahora es la de ser un administrador digno de ti, administrar mis talentos, mi corazón y sobre todo, administrar esta vida que me has regalado y que solo quiero que tenga frutos abundantes para darte gloria, pues, entre mayor los frutos, más grande la gloria que te llevas.

| Día 5 |

Gracias mi Dios Único Verdadero. Gracias Abba, mi Papito Amado. Gracias mi gran Yo Soy, mi todo, el tesoro de mi corazón.

Luego de este encuentro, me dirigí a mi habitación a ver qué tenías preparado para mí. Estando allí, esperando en tus tiempos, sabiendo que me ibas a sorprender, me dijiste:

— Pedro en la barca —recuerdo buscar en mi Biblia y me guiaste al evangelio de Juan, capítulo 21. Y así fue como surgió la siguiente contemplación.

Contemplación. **La barca de Pedro.** Día 5.

—La escena inicia contigo querido Pedro, recostado en tu barca, a la cual regresaste huyendo, lleno de miedo luego de negar a tu maestro, no una, ni dos, sino tres veces. Allí estás, recostado con la mirada perdida, los ojos brillosos, parece que ya no te quedan lágrimas, tu barba parece hecha de alambres de lo sucia que está y tu cabello está desgreñado, estás desnudo, flaco, ¡qué flaco estás!, viviendo la peor dieta, la tristeza del alma. Toco tu hombro para reconfortarte, pero estás muerto en vida, me recuerdas a mí en mis peores tribulaciones, ajeno al mundo. Me adentro en tus pensamientos y solo recuerdas la traición, tus negaciones. Te duelen en el alma, sobre todo cuando antes, muy impetuoso, le habías prometido al maestro nunca dejarle, nunca negarle. Le fallaste, y te auto flagelas con tus pensamientos, con tu baja autoestima. Por eso regresaste allí, a tu barca, a tu zona de confort, de donde Jesús te había sacado para darte un propósito de vida, mas al negarlo, te llenaste de culpa, de dudas y de miedo, y regresaste allí, tu barca, que aunque está hedionda, pues tenías 3 años de no usarla, es lo que conoces, tu zona segura. De repente, buscas en tu existencia tener un poco de eso que Jesús te había dado, te levantas, y así desnudo dices:

—Voy a pescar.

| Día 5 |

—Los seis que estaban contigo deciden acompañarte, mas tú haces caso omiso a su presencia. Comienzas a remar, aún desnudo. Huelo el salitre combinado con la madera húmeda de la barca. No te importa que las astillas de la madera vieja se clavan en tus dedos del pie, que el viento sople trayendo la sal del mar, aún flaco y con la tristeza del alma, anhelas volver a vivir eso que Jesús te hacía sentir, pescador de hombres. Te veo lanzar las redes con la última esperanza de pescar algo, de sentirte útil. Mas no pescas nada, con miedo no se puede ser pescador de hombres. La escena me desgarra. Veo como te echas de rodillas en aquella barca, te agarras los cabellos y lloras angustiado, pruebas que aún tienes lágrimas, lágrimas de dolor profundo. Se mezclan tus mocos con tus lágrimas, tu sudor y la humedad de la noche, se agrega la salinidad del ambiente, has perdido toda dignidad, te sientes pusilánime, vales menos que nada. Recuerdo sentirme igual, me arrodillo contigo evocando aquellos momentos donde estuve allí también, ahogándome en mi zona de confort. Lo peor es que es una barca, aquí nadie se ahoga, es un vacío flotante, sin fondo, y uno solo cae y cae sin tocar el suelo. De pronto, escuchamos juntos:

—¿Tienen algo de comer?

—Levantas la cabeza. Cuando menos lo esperabas oyes una voz que despierta algo en ti, tal vez la última esperanza que podría darle sentido a tu existencia. Te quedas perplejo, paralizado en el tiempo, vuelves a escuchar:

—Tiren la red a la derecha.

—Tus amigos obedecen y la red se llena de 153 peces, número que representa la universalidad de la humanidad; es tan pesada que ellos no pueden levantarla. Tus ojos hinchados no te permiten ver, estás abatido, derrotado, no queda en ti una gota de energía, tus músculos están débiles, tu flaqueza da lástima, pero de pronto escuchas lo que da una fortaleza inquebrantable a tu corazón:

—Es el Señor —te dice Juan.

—Tu corazón se acelera al instante, te llenas de adrenalina, vuelves a sentir esperanza, te colocas la ropa como puedes, como

59

| Día 5 |

recobrando algo de tu dignidad perdida, y te brincas al agua. Ya no te importa si caminas sobre ella o no, estás a 100 metros de la orilla y no te importa, nadas sin técnica, se te mete el agua en los ojos, en la boca, sopla el viento, y nada te hace claudicar, solo te importa correr hacia el maestro y abrazarlo. Como puedes llegas a la orilla, y sin pensarlo ni preguntar nada, te le cuelgas de su cuello, cual niño pequeño, lloras copiosamente, lo abrazas, lo besas, tu espíritu cobra vida, tu mirada ya no está perdida, está enfocada en el maestro, vuelves a existir. El maestro te pide:

—Trae algunos peces.

—Sales corriendo impetuoso, y ni te das cuenta que tu fuerza es tal que traes toda la red, para sorprender al maestro. Cuando antes los demás no podían ni cargarla, tú te la echas a la espalda. Te cuesta, lo puedo ver por cómo se soplan tus flácidos músculos y por la expresión en tu rostro. Veo como el filo de las aletas y las colas de los peces se te clavan en la espalda, pues estás soportando mucho peso, pero no te importa, ni lo sientes, es mas, llevas una alegría inexplicable en el rostro. Te has ceñido la fuerza del amor, y no te has dado cuenta. Me quedo perplejo. El maestro les prepara una cena mientras que tú pareces un niño, para ti el tiempo se ha paralizado y tu existencia vuelve a tener sentido. Te ha regresado la vida, ni dudaste en dejar tu zona de confort al escuchar: "es el Señor." Es más, ya olvidaste tu barca. Estás allí, en la incertidumbre, sin saber más que lo que el maestro te quiera revelar. Pero Él busca sanar tu corazón. Le habla a tu corazón con voz apacible y te pregunta, a ti, al hombre, no al pescador de hombres, te llama por tu humanidad, te dice:

—Simón. ¿Me amas más que a estos?

Tu corazón vuelve a latir, no quieres volver a fallar, y le dices con mirada incierta:

—Señor, sabes que te quiero —aun así, Él te responde:

—Apacienta mis ovejas.

Asientes con la cabeza, como niño asustado. Luego te pregunta por segunda vez:

Día 5

—¿Me amas?

Vuelves a titubear, no le quieres volver a fallar, no soportarías volver a la barca, a no existir.

Respondes:

—Tú sabes que te quiero —y bajas la cabeza, mas él te responde:

—Apacienta mis ovejas.

Asientes otra vez con la cabeza, lleno de lágrimas. Y cuando menos lo esperas ahora Jesús te pregunta:

—Simón, ¿Me quieres?

Sientes dolor y tristeza porque el maestro te reprocha que si solo lo quieres, mas no te perdonarías fallarle de nuevo. Te escucho responder con gran tristeza:

—Maestro, tú lo sabes todo, tú sabes que te quiero.

Agachas la cabeza sintiéndote indigno. Pero en ese momento, en ese preciso momento, Cristo toca tu barbilla con su mano derecha y levanta tu rostro, te mira fijo, clava su mirada en la tuya, y con sus ojos ya brillosos pronuncia las palabras que reestablecen tu dignidad:

—Apacienta mis ovejas.

Allí te haces hombre. Lloras, gimes y lloras a la vez. Lloras porque tu corazón ha sido curado con el perdón; tres negaciones, tres perdones. Cristo ha lavado tu corazón del tormento de tus negaciones, ha reestablecido la dignidad a tu corazón, le ha vuelto a dar sentido a tu existencia, diciéndote: "Simón, aun así confío en ti, aun así te amo incondicionalmente, aunque tú no me ames." Y entonces comprendes que el misterio del amor de Cristo es que él te ama primero, y que es ese amor el que te transforma y da un nuevo sentir a tu existencia, el único capaz de sanar todas las heridas de tu corazón. Y allí, en ese pequeño instante, vuelves a nacer, te conviertes en Pedro, el pescador de hombres.

—Mi amado Jesús, ¿cuántas veces no he vuelto yo a mi zona de confort luego de haberte fallado? ¿Cuántas veces no me he auto

| Día 5 |

flagelado con pensamientos de culpa? ¿Cuántas veces no me he refugiado en mi barca escondiéndome de mi llamado, lleno de temor? He sido tan como Simón, y he dejado de ser quien debo ser por miedo, por duda. Hoy reestableces mi dignidad, me muestras la fuerza de tu amor, de tu perdón sanador, me haces digno de tu presencia, llenas mi corazón de amor, de una fuerza insaciable por traer corazones a tus pies. Hoy, como a Pedro, transfiguras mi existencia y me elevas a un nuevo porvenir, uno lleno de amor, de perdón, de fortaleza, de propósitos, hoy das sentido a mi existencia, me haces pescador de corazones. Hoy dejo mi barca.

Pasé un instante allí sentado, pensando en lo que acababa de contemplar, recordando las veces que había vuelto a mi barca y que Jesús había reestablecido mi dignidad. Pensé:

—Han sido varias veces, porque he vuelto a las actitudes anteriores una y otra vez. ¿Tan difícil es cambiar? He sido tan terco y necio, me parezco al pueblo de Israel del Antiguo Testamento —y allí quedó el pensamiento. Me dirigí a la cocina para el almuerzo.

Almuerzo. Día 5.

Mientras disfrutaba de una deliciosa comida pensaba:

—No merezco tantas cosas, tantos detalles —me hablaste:

—Mientras te comportes como un hijo bueno los tendrás, si te alejas los perderás, como el hijo pródigo.

Quedé meditando tus palabras, y mientras lo hacía derramé un poco de sopa y pensé:

—Mejor lo limpio bien, no vayan a pensar que soy sucio —y no te hiciste esperar cuando me hablaste otra vez:

— ¿Por qué te importa tanto lo que digan los demás? Recuerda la autenticidad. Límpialo porque eres limpio, punto. Si te riges por lo que los demás digan eres esclavo de sus expectativas, y ya de por sí las expectativas son una forma de esclavitud de quien las tiene. No se trata de lo que piensen los demás, sus pensamientos

| Día 5 |

obedecen su corazón. Se trata de lo que eres tú, de lo que piensas de ti mismo, pues tus pensamientos obedecen tu corazón. Cambia esa creencia, que te importe lo que tú piensas de ti. Revísalo, examina esa creencia y si va o no acorde a mi voluntad y a mis palabras que has meditado. Esa es la sinergia del cambio, de la transformación, de la conversión. ¿Has visto un príncipe que obedezca a un lacayo? Los príncipes obedecen al Rey. Confía en tu Rey. El hombre confía en quien tiene sentado en el trono de su corazón. Yo estoy sentado en el tuyo. ¿Acaso sabes tú a quien tienen sentado los demás? Lo podrás percibir, pero solo yo lo sé. Yo que escudriño lo más profundo de los corazones. Cualquier otro que no sea yo, es un ídolo, y allí tienen puesto su corazón. Los ídolos se notan en el rostro, en la forma de hablar, en el trato. Mas solo Yo conozco la intimidad de cada corazón, y está solo en mí conocerla en su máxima profundidad. Por esto, no te afanes por opiniones ajenas, muchos hablan desde su propio dolor, desde su propia frustración, desde su ausencia de mí, y conste que es por su propia voluntad. Por eso, escucha consejos, sí, analízalos, revísalos con tu corazón y mis palabras, mas siempre sé libre de elegir. Es mi precepto.

Y cuando no acababa de digerir lo que me decías, continuaste:

—Hijo mío ¿Por qué juzgas? ¿Por qué te dejas llevar de los prejuicios? ¿Qué acaso no soy solo Yo el justo? ¿Por qué juzgas según la apariencia? Sabes que yo no veo apariencias, yo veo los corazones. Mira tú también los corazones, escúchalos como te enseñé. Juzgar y crear prejuicios es condenar al otro a tu expectativa y propio criterio. ¿Quién eres tú para esclavizar a alguien así? ¿Te crees faraón? Recuerda dónde terminó Ramsés. En vez de juzgar, comprende. La comprensión es amorosa, es digna de un corazón noble, enaltece el espíritu, cultiva la paz, abraza la serenidad. Comprender te ayuda a aceptar. Aceptar te ayuda a perdonar. Perdonar hace crecer el amor, y el amor lo es todo. No tengas juicios ni prejuicios, ni siquiera contra ti. Trátate firme, mas no seas duro contigo. Eres humano, fallarás muchas veces, no vuelvas a tu barca. Juzgar es volver a la barca, comprender es echarte al mar buscando a mi hijo amado. Comprende y acepta, incluye en vez de excluir. Juzgar es esclavitud, comprender es libertad. Y te quiero libre, libre para amar.

—Oh mi Dios, ¿Cuántas veces no he juzgado y mi juicio ha sido castigador? ¿Cuántas veces, en vez de comprender, he hecho del otro una víctima de mi juicio, y he terminado causando una herida a su corazón por mis prejuicios, en vez de mostrar comprensión y ganar su corazón? Reconozco que juzgar es esclavitud. Porque me hace esclavo de una idea que no me hace feliz, porque encasillo dentro de mis perspectivas a quien es otro ser humano falible como yo. ¿Quién soy yo para juzgar? Pues juzgar solo me ha traído tristezas. Renuncio a mis prejuicios, renuncio a mi vano juicio, abro las puertas a la comprensión. Juzgar es la barca, comprender es el llamado.

Luego recordé muchas de las veces que he juzgado y comencé a imaginar nuevas situaciones donde, por andar juzgando, podía cometer los mismos errores en un futuro. Me hablaste:

—No seas víctima de tu imaginación, más bien utilízala para crear tus sueños, para eso te la di. Si la dejas a su libre soltura y comienzas a imaginar cosas que no van acorde a tus sueños, o a idear situaciones irreales que aún no han sucedido, entonces mi hijo caído la utilizará para sembrar dudas y miedos, y peor aún, pondrá allí sus mentiras, que cuando no las veas ser realidad te sentirás peor, más angustiado, es justo lo que él quiere, que no construyas tus sueños, entonces vivirás en la falsedad, y nunca serás feliz. Mas si canalizas y alineas tu imaginación con el corazón, así irás diseñando y construyendo tus sueños. Construirás tu felicidad. Así funciona, es mi ley.

Recapacité y recordé las veces que he puesto mi imaginación a servicio de mis sueños y recordé, con gran felicidad, varios sueños cumplidos. Luego recordé las veces que me dejé llevar por mi imaginación, tratando de recrear algo que era irreal y recordé a dónde me llevaron, a la frustración. Ahora comprendo que todo comienza con escuchar y comprender los anhelos de mi corazón, es la ley del Señor: "Pero sobre todas las cosas vigila tu corazón, porque de él mana la vida." Proverbios 4, 23.

Y así fue, con esta cita bíblica, como Dios me llevó a desarrollar el siguiente ejercicio espiritual.

EE4. El Corazón. Día 5.

Este ejercicio ha sido muy emocionante, muy vívido debo decir. El objetivo es cambiar tu sistema de creencias y para ello debes aprender a ejercitar tu corazón, a canalizar tus emociones y orientarlas a los anhelos de tu corazón. Yo decidí empezar por la siguiente creencia: Yo confío en mí. Soy imagen de Dios rey, heredero de todo lo creado, por lo tanto debo comportarme como tal.

El EE está basado en uno de los dos animales con los cuales Dios se identifica a lo largo de toda la historia de la salvación en la Biblia: El león. Primero, debía imaginar que era un león y tener su misma *actitud* para cazar. Él no teme, no duda, cree en su potencial y enfrenta obstáculos más grandes que él. Para tal fin, tendría tres encuentros con diferentes animales. Segundo, debía despertar las *emociones* de un león en la batalla, que a pesar de ser golpeado y herido nunca se rinde, no tiene miedo y es valiente. Para tal fin tendría que luchar con tres diferentes enemigos. Y tercero, debía aplicar esas actitudes y emociones en *pruebas* reales que el Señor me ha puesto. Aquí debía recordar las pruebas más difíciles que he vivido y afrontarlas con las actitudes y emociones del león. Estaba muy emocionado, mas el ejercicio fue tan real que terminé agitado.

Primer corazón: ACTITUD.

-Primer encuentro

Estoy en medio de un herbazal y diviso una cebra a lo lejos. Mi corazón late rápido, pero no es miedo, es adrenalina preparando mi cuerpo para lo que va a suceder. Espero paciente el momento

Día 5

adecuado. Siento como salen mis garras, son grandes y afiladas, me siento poderoso. Muevo mi cuello como preparando mis músculos, mientras mis garras traseras se adhieren al suelo con firmeza, preparando mi arranque. Levanto un poco la mirada y percibo que la cebra está distraída, y arranco. Siento la velocidad y mi corazón se acelera, siento mis patas golpear el suelo, puedo percibir el pasto rozando mi costado velozmente, y también el viento que corre por mi melena. En pocas zancadas llego a mi presa y le muerdo el cuello con ferocidad. Me pone resistencia, pero le entierro aún más los dientes, siento su sangre, trago un poco, pero no la suelto, la abrazo y le entierro mis garras para aplicar más resistencia, siento cómo la sangre se derrama y se mezcla con su pelo. De pronto, deja de moverse y caemos al suelo. Me levanto, elevo la mirada, allí vienen mis dos cachorros y mi leona. Arranco un pedazo de la costilla y se la llevo a mi compañera de vida. Ella lame mi rostro y yo sonrío. Observo a mis cachorros comer y yo me siento vencedor, me siento proveedor, me siento rey.

-Segundo encuentro

Estoy rondando cerca de un lago y diviso un hipopótamo pequeño. Comienzo a acercarme con cautela, sin embargo, percibo que hay otro león que está ya más cerca. Respeto su presa, entonces desvió la mirada a la derecha y allí se encuentra la madre, grande y jugosa, y mi estómago ruge. Cambio de objetivo y me acerco a la madre con sigilo. Espero paciente mi momento. Mi estómago dice ataca, pero mi corazón aún no late rápido, mantengo la calma. De pronto, la madre sale del lago y mi corazón se acelera. Comienzo a correr sintiendo ese gran impulso, pero la madre se da cuenta, se voltea, me da una fuerte patada que lastima mi abdomen, escucho un "crack", y me rompe las costillas. Mas no puedo dejarla ir, mi familia tiene que comer. Me reincorporo, y aún adolorido, me lanzo a morder su cuello tratando de colocarme en su dorso. Ella ofrece mucha resistencia, me sacude de un lado al otro, mas yo entierro mis garras delanteras en sus ojos, y ella grita afligida. Luego fijo mis garras traseras tratando de mantener el balance.

| Día 5 |

— ¡Es muy grande! —pensé. Entierro mis dientes y mis garras aún más, mis patas están llenas de su sangre, igual mi boca. Ella se tira al suelo y yo hago un giro veloz para que no me caiga encima. Al hacerlo quedo en una posición ventajosa y desgarro parte de su cuello, quedando la carne viva expuesta. La veo morir lentamente mientras huelo el pedazo de carne que le desgarré y que cargo en mi boca. Me duelen mucho las costillas, mas levanto la mirada y allí se acercan mis dos leoncitos y mi leona embarazada. Le doy el pedazo de carne, mas ella ignora su hambre y se ocupa de mis costillas. Yo juego con su panza. Me siento vencedor, golpeado y herido, pero mi familia come y eso me hace sentir pleno.

-Tercer encuentro

Estoy en un valle con algunas colinas y en el medio diviso a un elefante de gran tamaño. Miro a mi derecha y allí están mis dos leones cazando con su padre, el tercero es muy pequeño aún. Me siento orgulloso. Les doy la señal y los tres arrancamos a correr a gran velocidad, esta vez mi corazón late más rápido que las veces anteriores, más por ellos que por mí, es su primer elefante. El primero se le guinda del cuello mientras el segundo le muerde la trompa para controlar los colmillos, pero el elefante es muy fuerte y tira al primero al suelo. Se enfurece y va a arremeter contra el segundo. Acelero mi corrida y golpeo al elefante en un costado justo antes que pisotee a mi hijo, quien escapa por escasos centímetros. Me sacudo del golpe y me lanzo de frente. Todo mi cuerpo está lleno de adrenalina, y justo cuando voy a enterrar mis dientes siento el colmillo penetrar mi costado izquierdo, siento un calor en mis costillas, sé que es mi sangre. Mi primero se le lanza al cuello por la derecha, mi segundo por la izquierda. Todavía siento la adrenalina en mis venas, así que comienzo a rasguñar sus ojos y a morder su frente con ferocidad, pues tengo poco tiempo antes de perder mis fuerzas. Lo hago tan fuerte que siento mis músculos entumecerse. Al instante le perforo el cráneo y cae muerto. Hay silencio. Veo la escena y es espeluznante, mis garras están infestadas de sangre, mi melena toda ensangrentada, observo a mis leones y están a salvo. Caigo herido y sintiendo un profundo dolor en mi costado perforado. Llega ella, mi leona, mi compañera de vida, y se encarga de mis heridas. Sobrevivo. Me siento triunfador, adolorido pero feliz, mi familia está unida.

Segundo corazón: EMOCIONES

-Primer encuentro

Estoy a punto de enfrentar a otro león, es más grande que yo. Está amenazando a mi familia y ha venido a perturbar nuestra paz. Mi corazón comienza a latir rápido, mientras damos vueltas, estudiándonos, esperando a que el otro ataque. Esta vez no es por comida, es por honor, por dignidad. Comienza la batalla y él se abalanza contra mí con toda su furia y yo le respondo igual, nos entrelazamos pero él muerde mi hombro izquierdo, siento una presión punzante, escucho el "crack", y se disloca. Caigo herido pero me reincorporo de una vez, cojeo. Escucho en el fondo una especie de tambores al estilo de la película Gladiador. El otro león se ríe al verme herido, sabe que tiene la ventaja. Mas yo he luchado herido antes, lo recuerdo, puedo soportar el dolor. Esta vez me enfoco en su vientre. Él se lanza otra vez contra mí, mas hago un movimiento rápido hacia la izquierda apoyándome en mi hombro herido, me duele mucho, pero con mi garra derecha logro rasgar su vientre causándole una herida profunda. Él se voltea de forma veloz y con su garra izquierda golpea mi rostro, trato de esquivarlo pero siento que me lastima, casi saca mi ojo, es más, cortó mi párpado, sangro. Estoy herido, tengo el hombro dislocado y estoy sangrando en el rostro, sé que debo terminar porque me estoy debilitando. Ahora yo me abalanzo contra él y hago el mismo movimiento que usé contra el hipopótamo, y le muerdo el cuello. Me comienza a sacudir desesperado tratando de quitarme de encima, entierro mis garras de ambas patas, aunque tengo el izquierdo dislocado y me duele, aprieto lo más fuerte que puedo, entierro mis garras aún más, igual mis colmillos. No me rindo, sé que no lo puedo soltar, es todo o nada. Él echa su peso sobre mí tratando de sofocarme. Pese al inmenso dolor permanezco apretando fuerte, rendirme no es una opción. De pronto, escucho el "crack" otra vez y él deja de moverse, fue su cuello. Caigo rendido al suelo, muy exhausto y adolorido. He protegido a mi

Día 5

familia, he vencido. Logré soportar el dolor, soy valiente. Ella me agradece y atiende mis heridas. Me siento privilegiado de tenerla a mi lado, mi leona, mi compañera de vida, mi ayuda idónea, la que cura mis heridas de batalla, por quien lucharía cualquier batalla con tal de brindarle seguridad.

Segundo encuentro

Me encuentro en un valle rodeado de rocas, pronto caerá la noche. Veo a mi adversario y se trata de un enorme gorila que tiene 7 veces la fuerza que tengo yo, es el rival más fuerte contra el cual he luchado. No obstante, sé que tengo una gran cicatriz donde el elefante enterró su gran colmillo, calculo que puedo aguantar 4 golpes consecutivos. Además, mi hombro izquierdo que se dislocó se hizo más fuerte al sanar. Debo ser astuto, pienso:

—Voy a cansar al gorila para agotar sus fuerzas.

Me lanzo contra él, y de inmediato tira un fuerte golpe que apenas logro esquivar. Me impresionó, sentí que me arrancaría la cabeza, mas no me rindo.

—Debo herirlo —pensé.

Siento la adrenalina en todo mi cuerpo, me armo de valor y ataco otra vez. Siento ese impulso en las patas, él tira un golpe que apenas esquivo, estiro mi garra izquierda y le hiero el vientre, pero quedo expuesto, él tira otro golpe e impacta fuertemente mi rostro. Creo que dislocó mi mandíbula, mas volvió a su lugar. Duele mucho, no creo que pueda morder. Me cuesta recuperarme, estoy cansado, jadeo y él lo nota, aprovecha y se abalanza sobre mí.

—Su brazo —pensé.

Me reincorporo con rapidez, esquivo su golpe, le muerdo el brazo izquierdo y le entierro mis garras, él se desespera, y con su otro brazo, golpea mi costado izquierdo con toda su fuerza: uno, siento mis costillas moverse, dos, siento que me falta el aire, tres, lo aguanté pero tuve que soltarlo, no soportaría el cuarto. Es muy fuerte, y ahora estoy muy golpeado. Me duele mucho la mandíbula, más que el costado. El gorila enfurece, se vuelve loco.

| Día 5 |

Yo me abalanzo sobre su brazo derecho, entierro mis dientes, él me muerde el costado derecho, mas con mi garra derecha aruño su mandíbula y lo suelto. Ahora él también está muy herido. Ha sido mi batalla más difícil.

—Debo matarlo o él me matará a mí —pensé—Voy por su cuello.

Me abalanzo otra vez contra él y me guindo por detrás, muerdo su cuello con toda la fuerza que me queda, aunque destroce mi mandíbula, el bienestar de mi familia depende de ello. Él comienza a golpearme con ambos brazos, pero sus golpes son más débiles, está muy herido, yo también, mas no me rindo. Escucho el "crack", rompo su cuello y cae muerto, mas yo me fracturo la mandíbula. Aun así rujo, rujo con todas mis fuerzas y el eco llega hasta los confines del corazón de mi amada, su protector ha triunfado, ya está segura. Luego caigo rendido, exhausto, muy golpeado, casi sin aliento, muy adolorido, me cuesta respirar y el dolor de la mandíbula es atroz. Mi leona y mis leones están preocupados. Ella se acerca y cura mis heridas, noto la preocupación en su mirada, pero sus ojos me dejan saber lo orgullosa que está de mí, es todo lo que necesito, perderme en sus bellos luceros, espejos de su corazón, reflejo de mi alma. Sobrevivo. Me siento afortunado, fui inteligente y vencí, mas a qué costo. Pensé:

—Otra batalla así y no sé si regrese a casa.

Tercer encuentro.

Estoy en una montaña y presencio un adversario gigantesco, nunca antes lo había visto: es un dragón. Analizo la situación, percibo las grandes y gruesas escamas de su cuello y reparo que me será imposible morderlas. La bestia es 50 veces más grande que yo.

—Puedo morder sus pies —pensé, mas al observar el grosor de su piel supe al instante que mis colmillos no le harían nada. De pronto, entro en razón y reparo que mi corazón no late rápido. Hago silencio, enmudece el ruido interno y escucho una voz hablar: —Los dragones no existen —. Es la voz de mi yo interior.

Día 5

Comprendo que mi inmenso adversario es producto de mi imaginación, y que hay batallas que no debo pelear, y me retiro, el dragón desaparece. Me siento vencedor. Vencí la mente.

Tercer corazón. PRUEBAS.

Durante este ejercicio recordé muchas de las dificultades y pruebas por las que he pasado e imaginé cómo hubiera sido si tuviese la actitud del león. Mientras aquellas adversidades pasaban por mi mente, observé que todas han sido una batalla, solo que antes no las había visto desde esa perspectiva. La pelea contra el otro león fueron mis fracasos en proyectos de vida que nunca se concretaron, o que fallaron. La pelea contra el gorila fueron mis pruebas del corazón, y la pelea contra el dragón fueron las pruebas de la mente, mis temores. Recapacité y me di cuenta que la actitud con la que enfrentas las pruebas es el reflejo de cómo te ves a ti mismo, si eres luchador o eres cobarde.

—Oh Padre Amado, ¿cuánto daño me he hecho por tener una actitud negativa ante las pruebas que me has puesto? Yo las veía como dragones gigantes, cuando Tú querías que las enfrentara para hacerme más fuerte. He dejado pasar sueños por creer que no puedo. Muchas veces no he permanecido constante por no haber creído en mí mismo. No he vivido confiado, sino desconfiado de ti, de mí, de todos. ¿Y qué me ha traído la desconfianza? Nada, solo fracasos y sueños sin cumplir. Confundí humildad con cobardía, mansedumbre con callarse por temor, tolerancia con indignidad. Hoy me muestras que la confianza en mí mismo es importante, es mi actitud ante las pruebas, la confianza fortalece mi corazón, aunque salga golpeado como el león, aunque enfrente elefantes, hipopótamos, gorilas o dragones, si Tú estás conmigo, ¿quién puede contra mí? Mi Dios, hoy mi corazón y mi espíritu se llenan de confianza en ti, se llenan de valor para afrontar las pruebas con entereza y templanza, como lo harías Tú mi Rey. Me armo de coraje y me dispongo a confiar, primero en ti, luego en mí, también en los demás. Hazme astuto como el león para saber en quien confiar, para saber elegir mis batallas con sabiduría y permanecer de pie a pesar de cualquier apremio. Hoy, la actitud de mi corazón es la de un valiente, la de un luchador, de un vencedor. Es la actitud de un Hijo de Dios.

Para tener un corazón fuerte hay que tener la actitud de un rey, para proteger esa actitud hay que saber canalizar las emociones e interpretar lo que nuestro corazón nos dice, y para poner a prueba el corazón y fortalecerlo, están las dificultades de la vida.

Luego me dirigí a mi habitación para colocarme la ropa de hacer ejercicio y realizar mi rutina. Por un instante pensé:

—Es bueno estar desconectado de todo, siento paz, es bueno estar sin distracciones —mas Dios dijo:

—Puedes distraerte, porque es necesario hacerlo, sí. Pero, ¿Cuántas horas a la semana ves Instagram? ¿Cuántas horas pasas viendo cosas que no son productivas? ¿Qué te distrae de tus sueños? ¿Eres diligente o perezoso? ¿Prefieres dormir o te levantas temprano a crear tus sueños? Esas son las cosas que se plantea un hijo de Dios.

Medité estas palabras por unos momentos y recordé que muchas veces he aplazado mis proyectos por falta de diligencia, por falta de constancia, dejando que el ocio gobierne mi mayor recurso: el tiempo.

No obstante, mientras profundizaba en lo que Dios me acababa de revelar, comencé a sentir la comodidad de estar allí recostado, pensando, en completa tranquilidad. Me dije:

—Tal vez hoy me voy a saltar mi rutina de ejercicio, tal vez hoy debo descansar y dormirme temprano —pero Tú respondiste casi al instante:

—No lo pienses, el león no se detiene a pensar si él puede cazar al elefante o no, solo va y lo caza. ¿Cuántas veces postergaste hacer ejercicio poniendo miles de excusas, pagando incluso un gimnasio por años y no ibas? Verás hijo, las excusas no son mi Ley, son de mi hijo caído, el pretexto es dulce para procrastinar. Apenas encuentres una excusa: ¡Huye! Eso no viene de mí. De mí viene el consejo y la prevención. Pero si sabes que hacer ejercicio y comer

Día 5

bien son salud ¿Por qué excusas el iniciar? Si sabes que levantarte temprano te permite aprovechar mejor el día ¿Por qué te das excusas? Si sabes que para trabajar en tus proyectos debes dejar el ocio por un tiempo, ¿por qué las excusas? Las excusas no están dentro de mi Ley, mucho menos las quejas. Las excusas son, al igual que el miedo, el engaño que mi hijo caído siembra en tu mente para alejarte de tu realidad y, por tanto, de tus propósitos. Son pretextos que pretenden justificar por qué no estás siguiendo los anhelos de tu corazón, para que la infelicidad no sea tan notoria. La tristeza, la incertidumbre y la duda se albergan en tu corazón cuando escuchas la voz de las excusas, y así justificas lo que no quieres aceptar. Mi hijo amado nunca dio una excusa, nunca se quejó, y sufrió más que todos. ¿Te crees tú más que él? Hijo, en tus manos está la libertad de elegir si haces lo que debes hacer o si pones excusas y sigues postergando.

—¿Y qué hay del dolor que provoca las pruebas más difíciles? —te pregunté.

—Depende de qué elijas. Si eliges que viene de mi hijo caído es una excusa para ser víctima y así justificar rendirte. Si eliges que viene de mí, es un aliciente porque sabes que te hará fuerte en tus futuras batallas, como el león. Resistirás y así conquistarás tus sueños. Tú eliges.

—Oh mi amado Señor, ¿Cuántas excusas y pretextos no he puesto en mis proyectos y aún no se han realizado? Si sopeso las excusas que pongo en el día versus los proyectos o actividades que realizo, me aterra pensar que: ¡He escuchado más la voz del enemigo que la tuya! Elijo que el dolor sea un aliciente para mis futuras batallas y no una excusa que estanca mi avance. ¡Soy un león, no una víctima! Oh Mi Dios ¡Líbrame de las excusas! En mi libertad renuncio a las excusas y a los pretextos, renuncio a la procrastinación. Doy la bienvenida a la diligencia y el esfuerzo. ¡Voy a hacer ejercicio! —ni lo pensé esta vez.

Mientras realizaba mi rutina de ejercicio pensaba:

| Día 5 |

—Este silencio ha sido edificante. ¿Cómo podré mantenerlo entre tanto ruido que hay en el mundo cuando regrese a mi vida cotidiana?

De pronto, me diste una respuesta inesperada:

—Para vivir el silencio en el ruido del mundo debes enfocarte, debes concentrarte. Hay una oración privada que pongo en el corazón de cada hijo, una canción, un cántico nuevo, un nuevo salmo que cuenta las maravillas que he hecho en tu vida. Algunos le llaman mantra, otros por otro nombre, pero lo que te mantiene en la paz y en el silencio, es esa oración que he escrito en tu corazón, y es única para cada ser humano. Ya tú la encontraste, es aquella oración en hebreo que has venido orando desde hace meses atrás, la cual has desarrollado de a poco y le has ido agregando versos. Así hijo mío, te concentras en el ruido. Porque es así como te enfocas primero en mi presencia y permaneces en mi paz a pesar de estar en la tormenta, como mi amado hijo cuando estuvo en la barca con los apóstoles. Esa paz es la que yo doy. Esa oración es tu rugido.

Terminé mi rutina de ejercicio pensando en aquella paz que surge en medio de la tormenta. Reparé que esa tormenta que me roba la paz tiene un solo nombre: Ansiedad. Es el afán por querer que todo salga como yo quiero, y al no poder controlar todos los factores, porque es imposible hacerlo, me ofusco y pierdo la paz. Así es como entra el temor y la angustia en el corazón, al no ver que las cosas van saliendo como yo lo planeé, o como yo lo esperaba. Lo vi aplicado tanto en mis proyectos de vida como en mis relaciones amorosas. Me percaté que esa ansiedad es incredulidad, es no creer en mi Padre bueno, es no confiar en él, es no esperar en sus tiempos y tomar decisiones por mi impaciencia, es no amarle.

Aprovechas cada segundo mi Señor, pues de esta reflexión escogiste la pregunta para el siguiente cuestionamiento.

Día 5

Cuarto cuestionamiento. Día 5.

¿Por qué quieres controlar todo? Por supuesto ya esperaba que tu respuesta fuera dura, y así fue.

—Por ego. Crees que solo tú puedes hacer las cosas bien. Quieres controlar todo porque no confías. Si no confías y no dejas a otro hacer lo que le corresponde, ¿Cómo vas a permitir su crecimiento? Eso deja mucho que desear de tu liderazgo. Puedes guiar, sí, pero deja de controlar. Querer controlar todo es tener miedo, miedo a tener resultados que no esperas. Miedo a que las cosas no salgan de la manera en que tu mente lo planeó. Si bien te pido que seas organizado y planifiques, eso es diferente a ser controlador. Querer controlar es inseguridad, porque eso quiere decir que no confías en tu capacidad para improvisar y resolver variantes, o afrontar situaciones adversas. Si controlar es inseguridad y miedo, entonces ¿de qué te sirve controlar? Por querer controlar alejas a los demás y te conviertes en alguien que la gente no quiere tener cerca, pues ¿quién quiere ser controlado? Eso es una forma de esclavitud, y nadie quiere sentirse esclavo. Deja que las cosas fluyan. Planifica tus proyectos, dales perspectiva, y si no sale como tú lo pensabas, adáptate, pero no trates de controlar. ¿Cómo voy a sorprenderte si quieres controlar? Déjate sorprender, disfruta las improvisaciones, que es allí donde aprendes más; tu habilidad para resolver problemas y reparar relaciones se desarrolla más improvisando que queriendo controlar. Organiza y sirve de guía, pero no controles. Construye lazos y puentes, no divisiones. Controlar es egoísta. En cambio, dejar fluir es dejarte llevar, es confiar en mí, es dejarte sorprender por mí. Esto es igual para las relaciones, sientes ansiedad porque quieres controlar que no vayas a ser lastimado. Eso tampoco es confiar en mí. Soy Yo quien une el corazón de dos personas que se aman, porque Yo uno propósitos de vida, Yo hago los "para siempre". Pero si tú compites conmigo tratando de controlar que no vayas a sufrir, ¿Cómo podré sorprenderte con el amor de tu vida? Deja que sea yo quien te presente a tu ayuda idónea, y tú enfócate en madurar en el amor, aún en medio de la soledad, y así

| Día 5 |

logres reconocerla, apreciarla y avasallarla con un amor incandescente, mi llama eterna. Déjate sorprender por mi amor, y solo así vivirás un amor para toda la vida.

Mi mente y mi corazón quedaron en silencio total luego de tu respuesta. Resquebrajaste toda forma de pensamiento que me llevaba a querer tener el control. ¿Cuántas sorpresas tuyas me perdí por haber tratado de controlar? Al final, controlar siempre me ha llevado al fracaso, la ansiedad siempre ha terminado en un corazón roto, o varios.

Un solo pensamiento ha quedado en mi mente:

— ¿Qué mayor seguridad que Tu voluntad? — y luego me dirigí al comedor, donde me llevé una sorpresa.

Cena. Día 5.

Otra vez me sorprendes Padre bueno y hermoso. Al llegar al comedor, me encuentro con que no está la cena servida como de costumbre. Creo que se les ha olvidado. Me hablaste:

—Es importante saber esperar. Hay un porqué en la espera. Vivifica la fe, la crece, la fortalece. Esperar aumenta la templanza, y es uno de mis dones. Saber esperar es confiar plenamente en mí, no desesperarse por no ver llegar la promesa y confiar en que lo que puse en tu corazón llegará, es una profunda muestra de amor para mí. Aprende a esperar mis tiempos que son perfectos, porque todo llega al que sabe esperar, lo dicen todos, pero ¿lo entienden? ¿Lo practican? Verás, cuando no sabes esperar, actúas por desesperación y todo sale mal al final, todo es apresurado, tus decisiones no son libres sino que son esclavas de tu afán. Eso no viene de mí. Yo soy creador, constructor. Mientras tú esperas lo que crees, yo construyo el momento justo para llenar al máximo tu corazón. Espera hijo mío, que mis tiempos son los tiempos del corazón.

—Oh mi Rey y Señor, ¿Cuánto he querido apresurar las cosas por no saber esperar, por no saber disfrutar el presente, por no confiar en tus tiempos? ¿Cuántos tropezones me he dado por

Día 5

querer todo de una vez? Y ¿a cuántos no me habré pasado de largo o atropellado en mi afán por querer todo para ya? Me ha costado esperar porque no confiaba en ti mi Señor, no confiaba en tus tiempos, ni en tu voluntad. ¡Qué gran pecado de soberbia y orgullo querer poner yo los tiempos, cuando eres Tú el dueño de todo, dueño y Señor de los tiempos del corazón! Ahora espero en ti mi Señor, espero en tus tiempos, mi corazón se reviste de paz al saber que tú, Dios Único Verdadero, concederás cada anhelo en un tiempo perfecto, no antes, no después, cuando debe llegar, llegará. Hay un tiempo para todo, y hoy ha llegado mi tiempo, mi tiempo de dejar el control en tus manos, mi tiempo de esperar, esperar los tiempos del corazón. Gracias mi Señor por hacerme esperar.

Esperé sin afán mientras escribía tu carta, y cuando menos lo pensé, llegó la comida. Deliciosa y saludable. Con cada momento me enseñas tanto Padre bueno. Amo este silencio. Quisiera vivir toda mi vida en silencio, mas otro es mi llamado, y para tal fin debo alzar fuerte mi voz, debo rugir.

Volviste a hablar:

—Saber esperar tiene sus recompensas, y todas llenan tu corazón —y agregaste:

— ¿Sabes hijo? Esperar también es comprender que no todos piensan como tú. Porque lo que sí esperas es que la gente piense como tú. Eso solo te traerá dolores de cabeza. Verás, la diversidad de pensamientos es una ley también. ¿Te imaginas que todos pensaran igual? ¡Qué aburrido sería la vida para el hombre! ¿No crees? Espera mis tiempos, pero no que los demás piensen como tú. Cada punto de vista es válido y debes considerarlo, más siendo un líder. Toma decisiones sí, basadas en mi sabiduría y voluntad, es tu libertad, mas comprende también que las otras formas de pensar todavía pueden ser válidas. Recuerda, nadie tiene la verdad, solo mi hijo amado es la verdad. ¿Recuerdas lo de querer tener la razón? Es igual de inútil esperar que piensen como tú. En la vida en pareja, la hermosura de que sean una sola carne, es que juntos crean una sola forma de pensar, la forma de pensar de la pareja. Eso fortalece sus lazos, y crea una unidad impenetrable, eso es ser una sola carne. Es decir, ella piensa de una manera, tú piensas de otra, ambos se escuchan desde el corazón, se toman en cuenta y crean una nueva forma de pensar, la forma de pensar de la unidad de ambos. Ese es el éxito en las relaciones. ¿Recuerdas las bodas en las que has cantado? ¿Recuerdas ese versículo: *Dejará* el hombre a su padre y a su madre, se *unirá* a su mujer y *serán* una sola carne? ¿Recuerdas las homilías del padre Fercho? Es así. Dejar a tu padre y a tu madre es *Dejar* tus criterios de soltero, tus formas de pensar que heredaste, no dejando de ser tú, claro está, sino con la apertura de *Unirte*, de unir tu forma de pensar con la de tu esposa, y así *Ser* una sola carne. Eso es entrega, es libertad. Es muy poderoso e irrompible el lazo de una pareja que se une en pensamiento, porque si se unen en pensamiento, estarán uniendo los anhelos de sus corazones, y allí serán un solo corazón, y esa unión, hijo mío, nadie la rompe, porque esa unión soy Yo. Cuando así se unen, esa unión los lleva a mi presencia, los lleva al santísimo, los lleva a la oración en unidad, los lleva a ser ambos contra el problema y no el uno contra el otro, los lleva a los pies de mi hijo amado que hace todas las cosas nuevas. Incluso la unión de sus cuerpos, el sexo, es una experiencia distinta. Porque allí también estoy Yo presente en esa unión. La unidad, mi amado Danny Absalón, es mi Ley para las relaciones.

— ¡Oh mi amado Señor, Dios Único verdadero, qué grandes cosas me revelas! ¡Tu amor no tiene límites! Gracias mi Dios, porque ya has concedido un anhelo de mi corazón, el secreto de un para siempre.

Día 6

Oración Matutina

Oh mi amado Señor, en mi oración matutina me hablaste y me dijiste:

—Bendigo tu movimiento "Soldado de Cristo", porque lo haces por amor a mí.

Me siento regocijado y emocionado de que hayas bendecido este proyecto. Me levanto a hacer mi lectura diaria, y me toca Mateo 18, 22: *"Todo lo que pidan en oración, con tal de que lo crean, lo recibirán"*. Encierro en círculo la palabra *"todo"* y comprendo que no hay excepción.

—Amado Padre, hoy mi oración es diferente: Te pido Padre bueno que llenes mi corazón de tu paz para que sepa yo esperar mis promesas en tus tiempos, permíteme confiar en los demás y disfrutar el hecho de que las cosas pueden ser diferente a como yo las pienso, y así me sorprendas. Que comprenda a los demás, que mi corazón escuche con intención los otros corazones y cultive como arte el alinear mis pensamientos con mis anhelos. Dame un corazón valiente y osado, digno de tu presencia, que crezca cada vez más mi confianza en ti y fortalezca mi Fe.

Y por primera vez, en 33 años, no hubo duda, porque estoy tan convencido que esa es tu voluntad, que sé que ya me concedes lo que te pido. Y dos lágrimas brotaron, surgieron para dar duelo a la duda que moría al ser desplazada por la Fe.

Y en un minuto de silencio por la reciente difunta, recuerdo aquellas oraciones egoístas y llenas de duda donde pedía con insistencia que se hiciera mi voluntad, la cual estaba llena del ruido de mis pensamientos desordenados, mas no obedecía los anhelos que habías puesto en mi corazón.

| Día 6 |

Recuerdo haber puesto a prueba tu palabra donde dice que si pedía con insistencia Tú me lo concederías. Eres un Dios fiel a tu palabra. Y así lo hiciste, cumpliste, y en mi alegría de que complacías mis caprichos me olvidaba de ti, me alejaba de la oración, de visitarte, de escudriñar tu palabra, y al estar a la deriva de mi humanidad ajena a tus preceptos, entonces fallaba, una y otra vez, cometiendo los mismos errores, cayendo en un círculo vicioso, uno que siempre terminaba lacerando mi corazón. Y volvía a ti, y aún con egoísmo insistía e insistía, porque yo nunca me rindo, y otra vez concedías mi capricho, y toda la historia se repetía. Oh mi Señor, cuán inmaduro y egoísta he sido en mi fe, si es que la tenía, utilizando la oración y tu palabra para mis caprichos. Hoy comprendo que tu voluntad está puesta en mi corazón, que saber escucharlo es conocer tu voluntad, porque es allí donde habitas, cuidarlo es cuidar tu voluntad, amarlo es amar tu voluntad, creer en él es creer en tu voluntad, entregarlo es entregar tu voluntad. Gracias mi Dios bueno, gracias por enseñarme la única forma de ser completamente feliz, vivir desde el corazón.

Desayuno. Día 6.

—Amado Señor, cada vez me sorprendes más, tu voz es tan clara ahora. Amo este silencio. Hoy en el desayuno me hablaste otra vez:

— ¿Por qué no has sido constante? ¿Cuántos proyectos has comenzado que no has terminado? Sabes que terminar es más importante que comenzar, lo has leído en mi palabra, en Eclesiastés 7, versículo 8. Cuando quieres hacer un cambio en tu vida, ya sea una actitud o un hábito, ¿por qué no lo mantienes? ¿Cuántas veces has dado tu palabra y no has cumplido? ¿Qué no sabes que la palabra de un hombre es sagrada? Por mi Palabra creé el mundo, creé al hombre a mi imagen, entonces tu palabra también es importante. Apresurarse al hablar, prometer y no cumplir: ¡Es un pecado grave! La palabra es vida, es tu honra, es tu

Día 6

legado, es la manifestación de tu ser, es todo tu carácter de hombre, tu hombría. ¿Cómo le fallas? Si prometes ¡Cumple! ¡Punto! —sentí el regaño fuerte, pero continuaste:

—Hijo, todo eso es falta de disciplina, falta de determinación. Verás, hice al ser humano lleno de conexiones nerviosas por una razón, para que puedan sentir y moverse, mas eso no es lo único importante. No eres constante ni disciplinado porque te enfocas en lo que sientes. Si dejas de sentir esa inspiración que te llevó a iniciar ese proyecto o te llevó a querer cambiar, entonces claudicas. Esa no es mi ley, mi ley incluye disciplina, esfuerzo y determinación para construir tus anhelos. Todas las emociones son pasajeras, la constancia no. No te puedes enfocar solo en lo que sientes, sino en lo que debes hacer aunque no lo sientas. Eso es disciplina. Y la disciplina es el fuerte de tu pensamiento. Recuerda, el corazón dicta y la mente ejecuta. Pero cuando la mente ejecuta el cuerpo se mueve, y para que el cuerpo se siga moviendo la mente debe seguir ejecutando, por eso, debes ejercitar tu mente para que sea constante. Esto se logra con los hábitos. Cuando incorporas hábitos en tu vida disciplinas tu mente y de allí todo el cuerpo. Si quieres bajar de peso pues debes tener hábitos de comer saludable y hacer ejercicio, tú lo has hecho, y así debe ser. Si quieres levantarte temprano para aprovechar el día y poder trabajar en tus sueños pues debes acostarte más temprano. Si quieres llegar a tiempo pues debes organizar tu tiempo. Los hábitos que más fortalecen la mente son: la lectura, sobre todo de mi Palabra, la oración y las obras de caridad. La *lectura* fortalece tu mente, la *oración* fortalece tu relación conmigo y las *obras de caridad* fortalecen tu corazón. Para los hábitos debes ser organizado y tener tiempos, como podrás notar que te he hablado en tiempos específicos en este retiro. Yo Soy dueño de la disciplina también. Verás que mi hijo amado oraba en tiempos y lugares específicos.

Así lo he diseñado, así es la disciplina. La disciplina solo se hace difícil cuando te enfocas en sentir, pero se hace fructífera cuando comienzas a ver los resultados. ¿Por qué te digo esto? Porque la forma en que manejes el tiempo es muy importante para realizar

Día 6

tus sueños. El tiempo es un activo que debes manejar y administrar, yo te lo he regalado. Si pasas más tiempo en tu Whatsapp, o revisando las miles de publicaciones en tu cuenta de Instagram, o viendo series en Netflix, y eso no te ayuda a construir tus sueños, entonces ¿Por qué lo haces? No está mal distraerse. Pero calcula cuánto tiempo pasas a la semana viendo tu celular vs cuánto tiempo inviertes trabajando en tu propósito, así comprenderás cuál es tu tesoro. ¿Quién es tu Dios? ¿Una serie? ¿Tu celular? ¿Un vicio? Y luego te quejas porque te mando pruebas económicas y corres a mí pidiendo ayuda, mas yo ya te di la ayuda que no ves, el tiempo. ¿Sabes por qué actúas así? Porque te falta determinación. La determinación es lo que te hace ser constante con la disciplina. La determinación es única de mi creación predilecta, imagen y semejanza mía, la determinación está en tu espíritu. ¿Recuerdas el EE del león y que nunca te rendiste? Nunca te rendiste porque con tu mente ejecutabas lo que tu corazón te decía al latir rápido, planificabas tu ataque y no te rendías porque sabías que tu familia esperaba por ti. ¿Crees que un león real hubiese luchado contra un gorila o un dragón? Cierto que no, con ese ejercicio aprendiste actitud, pero lo que te hizo nunca rendirte y ser determinante fue tu espíritu de hombre, tu espíritu de esposo, tu espíritu de padre. La determinación es la fortaleza del espíritu que te lleva a estar dispuesto a entregar la vida por tus ideales y convicciones, por tus anhelos. Es mi ley. Y se puede usar tanto para bien o para mal, tienes libertad de elegir, es un principio del Universo. El amor de mi hijo amado lo llevó a tener la determinación para terminar su misión. La determinación, hijo mío, te llevará a la disciplina, la disciplina a la constancia, la constancia a tus anhelos, y tus anhelos a la felicidad. Un espíritu determinado, una mente disciplinada y un corazón valeroso, así, así se construyen los sueños.

—Oh mi Dios Verdadero, Único Rey Supremo, tu sabiduría me abruma. Has escudriñado lo más profundo de mi corazón y me has mostrado mis realidades. ¿Cuántos proyectos he comenzado y no he terminado? ¿Cuántas veces he fallado a mi palabra por decir que voy a hacer algo y no cumplo? Oh mi Señor, reconozco que los proyectos que he logrado completar han sido gracias a que has puesto en mi espíritu la determinación, pero en la mayoría de los aspectos de mi vida; familiar, profesional, sentimental, salud, no he sido constante. Y ahora que lo pienso, he sido muy tonto al no ser disciplinado ni constante, porque eso me ha llevado a cometer los mismos errores, los cuales terminan lastimando mi corazón, y acabo siempre pidiéndote lo mismo en mi oración, he sido tan ciego. Ahora me muestras que Tú ya has cumplido mis anhelos, pues los has puesto en mi corazón, ahora debo activar mi Fe y moverme a la acción, a redirigir mis pensamientos, a ser constante y disciplinado, a ser determinado en construir mis anhelos, confiando plenamente en ti, porque allí vas Tú acompañándome, no dándome todo de una vez, eso sería malcriarme, sino trabajando juntos Tú y yo en alcanzarlos, así se hace de la vida una aventura, y toda aventura te hace latir rápido el corazón, y eso es vivir. Gracias mi Dios.

Preparándome para la contemplación de hoy te pregunté:

— ¿Cómo saber elegir? Y me diste tu segunda respuesta más corta del retiro:

—Solo escucha tu corazón. La mente hace preguntas, el corazón da las respuestas.

Y estando allí sin saber qué contemplar, solo me inspiraste a abrir la Biblia. Salió Lucas 15: 11-32, y fue así como propusiste la siguiente contemplación.

Contemplación. **El hijo pródigo.** Día 6.

La vivencia comienza frente al espejo. Es extraño, en esta visualización no soy espectador, soy protagonista, mas no controlo el cuerpo. Es como si mi espíritu estuviera atrapado aquí. Me veo al espejo y me siento invencible. Me siento hermoso, sé que es vanidad, pero hago caso omiso. Es raro, siento todo pero no tengo control de lo que hago. Veo mi vestido lujoso y siento que me merezco más. Decido hablar con mi padre, camino hacia la sala de la gran casa, allí está él hablando con mi madre y mi otro hermano, escucho como todos ríen y están alegres. Me acerco para hablar con mi padre y yo (el espíritu encerrado) me sorprendo de ver su rostro. Es el rostro de mi padre terrenal, pero tiene una mirada distinta. En sus ojos hay una paz indescriptible y una ternura que no sé describir. Brillan sus ojos, nunca los había visto así. Tiene una larga barba blanca bien cuidada y un manto muy elegante, muy parecido al mío. En su mano derecha tiene como el anillo de un rey, le da señorío. Pienso que algún día yo tendré uno igual cuando me haga señor. Miro a su alrededor y todo el ambiente brinda una seguridad impenetrable, mas no me importa. Yo merezco mi herencia.

Me acerco a ti y te pido lo que me toca en herencia. No reprochas, solo me miras, como esperando a que recapacite, mas yo asiento con la cabeza como asegurándote que estoy convencido, me lo merezco. Noto cómo te entristeces, mas no dices nada. Mandas a tus criados a buscar lo que me toca en herencia. Son bolsas llenas de monedas de oro, tantas que me la colocan en diez burros. Te reprocho y te digo que no quiero esos animales, que me des una carreta. Tú accedes, y veo como tus sirvientes comienzan a mover las bolsas de los burros a la carreta, mientras agitan la cabeza en señal de desaprobación. No me importa, yo me lo merezco, pienso.

Estoy contento, tengo una riqueza enorme en mi carreta, salgo a toda marcha y me voy muy lejos, ni me despedí de mi padre. Mientras conduzco la carreta, voy pensando cómo gastar tanto dinero, me va a alcanzar para toda la vida pensaba, y me reía, como si me hubiese salido con la mía. Llego a un pueblo muy alejado ya de la casa de mi padre, de hecho pasaron muchos días hasta llegar aquí. Me bajo de la carreta repleta de bolsas con monedas de oro, tomo una y entro a un bar. Y yo (el espíritu atrapado) pienso:

— !Pero si yo ni tomo! —de igual forma digo en voz alta:

— !Yo pago la noche entera! —y siento el algarabío, la gente

Día 6

aplaudiendo y gritándome vivas. Siento que eso es lo que valgo, todos hablando bien de mí. Me rodea la gente y se me hace muy fácil hacer amigos, soy el alma del lugar, todos me quieren, todos me adulan.

—Eso es lo que merezco —pensé.

Y yo (el espíritu atrapado) siento mucha confusión, es como estar dos espíritus dentro del mismo cuerpo, solo que a mí ni me prestan atención. Prosigue la fiesta al día siguiente y me siento en la barra, todos me saludan. Se me acercan dos mujeres, muy bellas debo decir, y comienzan a besar mi cuello. Me gusta mucho. Les invito más bebidas y pasan toda la noche bailando conmigo. Al terminar la farra decido irme solo, pues estoy convencido que alguien me invitará a algún lugar. Paso frente al hotel más lujoso del pueblo y veo su gran tamaño, parecía uno de esos hoteles en Dubai.

—Esto me merezco —pensé. Doy una bolsa llena de monedas de oro al conserje y le pregunto con soberbia:

— ¿Para cuánto me alcanza esto? —y él me contesta:

— ¡Para toda la vida! —mientras sonreía con sus dientes apiñados. Hablamos el mismo lenguaje. Me dan el mejor cuarto, es una gran suite llena de detalles lujosos, jacuzzi, una cama inmensa como de Jeque, hay un cocinero, una sala enorme y veo que allí hay dos mujeres muy bellas que me sonríen. Sé que son prostitutas. Ellas me acarician y me convencen que las acompañe y me llevan a una puerta. Al abrirla, noto que hay mucha gente como en una gran fiesta, todos desnudos y besándose, entre otras cosas. Veo la mesa, hay mucha droga y licor. Yo (el espíritu atrapado) pensé:

— ¡Pero si en mi vida he tomado droga ni he estado en un lugar así!

Sin embargo, el "yo" protagonista piensa:

—Yo merezco probar cosas nuevas y emocionantes —. Vi orgías, drogas, placeres desordenados, sensaciones extremas, denigración en su máxima expresión que por respeto no describiré.

| Día 6 |

De pronto, me encuentro acostado desnudo en esa inmensa cama, por primera vez desde que llegué, totalmente solo. La cabeza siento que me va a explotar y estoy tembloroso. Tomo un vaso de agua y miro el enorme televisor de la sala, recuerdo que puedo hacer lo que quiera, incluso jugar al PlayStation, pues tengo todos los video juegos. Tengo acceso a todas las películas, puedo ver cualquier serie, pedirle al chef que me cocine cualquier comida, y al pensar en el chef me percato que tampoco está allí. Luego escucho que tocan la puerta, abro estando aún desnudo, pensando que puede ser alguna mujer de la vida fácil, mas es el conserje. Me dice que se me acabó el dinero y que debo dejar el hotel de inmediato.

— ¡No puede ser! —respondí.

Me puse el vestido, mis sandalias y salí corriendo a la carreta. Está vacía. Se me acelera el corazón, entro al bar, y nadie me saluda ni me habla, soy como un don nadie. Me veo en el espejo detrás de la barra y me doy cuenta de mi larga barba. Han pasado años y ni cuenta me di. Siento hambre, mucha hambre, mas no tengo dinero. Pido posada a mis amigos, pero ninguno me reconoce. Voy a los restaurantes y nadie me da comida, hay crisis en la región. Me desespero, decido vender mi vestido y mis sandalias. Me dan muy poco, por la crisis. Si acaso pude comprar un pan y un harapo para tapar mi desnudez. Las piedrecillas del camino se me incrustan en el pie, no estoy acostumbrado a andar descalzo. Tengo mucha hambre, siento cómo los ácidos devoran mi estómago.

—Debo conseguir trabajo —pensé.

No obstante, nadie me ofrece trabajo. Me toca ir a probar suerte a las afueras de la ciudad. Llego a una especie de granja y toco la puerta de madera de la casa principal. Abre un señor canoso, limpio y bien alimentado. Le suplico que me dé trabajo, ya que muero de hambre. Me dice:

—Te pagaré por cuidar mis cerdos mas no te alimento, eso lo buscas tú, pues hay sequía.

| Día 6 |

Miro la porqueriza que se encuentra a mi izquierda y pienso:

—Yo soy judío, no puedo estar con los cerdos, es un animal impuro para mí.

Pero el hambre es voraz y accedo. Me dirijo hacia la porqueriza, mientras voy caminando crece la humillación. Abro la puerta de madera de la cerca de aquel corral, hay tanto fango que se me hunden los pies. El olor de los cerdos y el fango se mezclan con mi hediondez y mal aliento, tengo días que no me baño. Todo me da ganas de vomitar, pero ni eso puedo, pues no tengo nada en el estómago. Entonces, estando allí pierdo toda dignidad y hago lo que se consideraría la peor humillación para un judío, como comida de cerdos. Está rancia, lleva días allí, sabe horrible, pero tengo mucha hambre. Solo como dos bocados y me detengo. Me doy cuenta de mi realidad. Miro mis manos y están llenas de una mezcla entre fango y comida rancia. Me tiro de espaldas al fango con una amarga desesperación en mi rostro, está frío. Un cerdo se acerca y lame mi cara, la cual hecho a un lado. Me huele y es él el que quita el rostro. Soy peor que un puerco. Lloro con amargura y pienso que los criados de mi Padre comen mejor que yo, que si fuera su criado comería pan al menos.

—Ya sé —pensé— Regresaré donde mi padre y le diré: "Padre, he pecado contra Dios y contra ti, no merezco ser llamado tu hijo, trátame como a uno de tus criados.

Luego de unos segundos entré en razón y me dije:

— ¡Tengo que hacer algo!

Me levanté como pude, traté de salir caminando pero el fango estaba muy espeso, me tuve que arrastrar. Me encamino hacia la casa de mi Padre, mientras voy pensando y recordando todas las atrocidades que hice. ¿Cómo me gasté el dinero de mi padre pensando que lo merecía? Ni para poner un negocio me dio la cabeza, me sentí imbécil.

Llevo días caminando y este sendero se me hace eterno. A medida que avanzo, voy pensando si mi padre me permitirá hablar con él. De pronto, a lo lejos veo una escena que cambia por completo mi perspectiva.

—Te veo Padre. Allí estás, esperando apoyado en la cerca, buscando afanado, como a la espera de alguien, ansioso, llevas años así, y sé que me buscas a mí. Mi corazón late rápido y comienzo a llorar, tú me divisas. Te veo saltar el cercado cual joven de 25 años y corres despavorido a mi encuentro. Llegas donde mí, y sin importarte mi hediondez, te guindas de mi cuello cual niño pequeño y me besas. Me desgarras, lloro desconsolado. Tú lloras también, ves mi dolor, mi amargo y profundo dolor. Me tomas del brazo y me llevas al pozo más cercano y allí lavas mi rostro. Como puedo, apenas logro balbucear entre mi llanto:

—Padre, he pecado contra Dios y contra ti, no merezco ser llamado tu hijo, trátame como a uno de tus criados.

Por el contrario, tú me ignoras y de inmediato llamas a tus criados que corren apresurados a atenderme. Les dices que me vayan a lavar y que me coloquen el mejor vestido. Ellos me toman de la mano y me llevan a bañar mientras tú sales corriendo, vas a sorprenderme. Me llevan a una tina que tiene agua caliente y me bañan. No paro de llorar, no merezco tanto. Estoy muy arrepentido y agradecido a la vez, una mezcla extraña de emociones. Veo el fango salir de mi cuerpo. Me afeitan y cortan el cabello. Me untan aceite en el cuerpo para mi piel reseca por el fango, estoy desnudo pero no me da vergüenza, no hay peor vergüenza que mis pecados. Estando allí parado, dirijo la mirada hacia el armario ubicado en el fondo de la habitación, logro ver que allí está el traje que mandaste a buscar para mí, aquel que de pequeño me contabas que estaba reservado para el invitado más especial, el de mayores honores. No me lo creo. Emana de mi alma un llanto amargo. Me colocan el traje, se acerca una dama muy sonriente y me coloca el calzado que enviaste, es muy suave y reconfortante, sentí delicia en mis pies, y un gran alivio luego de las piedrecillas. Llegas tú y yo me arrodillo a tus pies sin pensarlo, tú te agachas y me levantas. Te pido perdón y me callas. Tomas mi mano derecha y no creo lo que haces. Me colocas tu anillo, el

Día 6

distintivo de tus hijos. Me devuelves mi dignidad de hijo. Rompo en llanto y te abrazo con toda mi fuerza, pero tú me tomas por el rostro y me dices:

— ¡Te amo hijo!

Mi llanto es profundo, una mezcla de arrepentimiento y gratitud. Me llevas a la sala de fiestas donde has preparado un banquete enorme para mí, y todos están allí reunidos. Me unges la cabeza con perfume, yo no paro de llorar por tanto amor. Me sientas a tu derecha y veo que el puesto a tu izquierda está vacío, es el de mi hermano. Haces un brindis y llenas mi copa hasta los bordes, símbolo de que soy tu invitado de honor. Me abrumas. No me cabe tanto amor. Todos los alimentos que anhelaba están allí. ¡Todos! Me conoces tan bien, incluso mandaste a matar el becerro más gordo, este es tu mayor festín. Se te acerca un criado y te susurra algo al oído. Sé que se trata de mi hermano. Te levantas y sales a hablar con él. Me paro y te sigo sin que te des cuenta, ansío ver a mi hermano. Me asomo a la puerta y tiene el rostro de uno de mis hermanos terrenales. Escucho cómo te reclama, y en ese momento me doy cuenta que no sabe amar, porque ha estado toda su vida contigo, mas no te conoce, todo lo tuyo es suyo, más él presta más atención a un insignificante becerro. Me entristece saber que él vive una esclavitud diferente a la mía, la amargura del corazón.

— ¡Oh mi Padre amado, Dios bueno y misericordioso! ¿Cuántas veces no me he alejado de ti por pretender algo, por orgulloso, y he terminado comiendo comida de cerdos? Perder el tiempo, procrastinar, querer tener la razón, juzgar, la indisciplina, dejarme dominar por mis pasiones, el ego, la necedad, la intolerancia, la impaciencia, las relaciones infructíferas, el miedo, la duda y la incertidumbre, cometer los mismos errores una y otra vez: todo esto es comida de cerdos. ¡Ya no más! ¡Ya no mi Señor! Estoy harto de las algarrobas, de las sobras malolientes y rancias que trae el orgullo. Mi corazón anhela el banquete del cielo. La humildad, escuchar y esperar en ti, un matrimonio fortalecido en tu presencia, comprender y aceptar que no todo es como yo quiero, cumplir mis propósitos con esmero y esfuerzo, tu sabiduría, vivir confiando en tu voluntad y que todo lo que me sucede lo permites para mi bien, todo esto sí es un banquete celestial. Estoy harto del fango a donde me ha llevado el egoísmo.

Mi corazón anhela el banquete que preparas para mí Padre Amado, solo por ser tu hijo.

Luego reflexioné:

— ¿Qué tal si Dios nos creó vacíos? ¿Y si es por eso que el hombre siempre busca llenarse? Dependiendo de lo que llena en su corazón a eso se inclina. De mal o de bien. La gran responsabilidad de los padres es crear un ambiente seguro donde el niño solo pueda llenar su vacío con amor. Pues el amor es lo único que puede satisfacer un corazón vacío. Pero somos libres de elegir con qué llenar nuestro corazón. Y ya siendo adultos, podemos vaciarlo de lo malo y volverlo a llenar de Cristo, y seremos como el hijo pródigo. Nadie nace bueno ni malo, nacemos vacíos, con sed de llenar. Si nos llenamos con mal, entonces caemos en los vicios. En cambio, si nos llenamos con bien, nos colmamos de amor. Los vicios son esclavitud, el amor es libertad. Lo que haya en tu corazón definirá tu situación de esclavo o de hombre libre. ¿De qué está lleno tu corazón? ¿No lo sabes? Mira la manera como hablas, pues la palabra dice: "de lo que habla tu lengua está lleno tu corazón." ¿Te quejas? Entonces en tu corazón hay esclavitud. ¿Hablas de forma positiva y optimista? Entonces en tu corazón hay libertad. La palabra del hombre es el reflejo de lo que hay en su corazón.

—Oh mi Señor, qué contemplación tan impactante a la que me has conducido. ¿Cuántas veces no he pecado de soberbia queriendo controlar lo que me has dado? Sirviéndome yo de mis dones y no sirviendo yo a los demás. ¿A dónde me ha llevado mi necedad sino a comer comida de cerdos? Comida de cerdos son las relaciones amorosas que he dañado por mi orgullo y ansiedad, comida de cerdo son las deudas, son los vicios de los que me hago esclavo. Comida de cerdo es el apego a mis criterios y formas de pensar egoístas, es mi inmadurez de alejarme de ti para tomar el "control" de mi vida. ¡Oh mi Dios!, ya no quiero más comida de cerdos, quiero el banquete celestial. Quiero libertad, libertad de pensamiento, libertad económica, quiero el banquete de un matrimonio bajo tu bendición y para toda la vida, quiero el banquete de la paz y la serenidad, quiero el banquete de amistades sinceras, quiero el banquete de estar siempre en tu presencia, el banquete de tu amor, eso quiero. Ya no más comida de cerdos, ahora mis ojos están puestos en ti, mi Padre bueno, eres mi todo, el tesoro de mi corazón.

Al terminar esta contemplación me dirigí a mi habitación a escribir lo que había vivido. Sin embargo, el enemigo ha comenzado a molestarme. He borrado por accidente un ejercicio espiritual y una de las contemplaciones. El Espíritu Santo me alertó y pude salvarlas a tiempo. Dios me protege.

Almuerzo. Día 6.

Hoy veo el banquete desde una perspectiva diferente. Y mientras me encontraba comiendo, meditando de qué cosas incluiría en mi vida que son banquete celestial, me revelaste otro de tus enigmas:

—Hijo mío, toda actitud negativa tiene una contra virtud que se le antepone. Si eres necio, es porque en verdad tienes la capacidad de ser determinado, solo que, si no escuchas tu corazón, escucharás la voz de mi hijo caído y será necedad. Él también conoce tu potencial, y lo usa para sus fines. Pero si escuchas tu corazón, entonces se convertirá en determinación. Recuerda que tus pensamientos ejecutan los mandatos de a quien obedecen. Si eres perfeccionista, es porque escuchas la mentira de que todo tiene que ser como tú piensas, mas si escuchas tu corazón, en vez de perfección, buscarás la excelencia en lo que hagas. Si buscas tener siempre la razón, es porque escuchas la mentira de mi hijo caído de que tú tienes la verdad, pero si escuchas tu corazón, entonces buscarás influenciar al otro de forma positiva, y serás un buen líder. Si eres apegado a tus relaciones amorosas y no dejas ir, es porque escuchas la mentira de que esa persona te hará feliz, pero

Día 6

si escuchas tu corazón, sabrás que saber esperar y guardarse para aquella mujer que será tu compañera de vida es la muestra excelsa del amor verdadero. El apego es la mentira, el amor incondicional es mi verdad. Si gastas mucho, es porque escuchas la mentira de que te mereces ese gasto, en cambio, si escuchas tú corazón, sabrás que dar sin esperar nada a cambio es lo que te hace feliz. Gastar es la mentira, dar es mi verdad. Si una persona es mandona, es porque cree la mentira de que le tienen que hacer caso, pero si escucha su corazón, entenderá que es un líder encargado de guiar a muchos a un objetivo. Mandar es la mentira, el liderazgo es mi verdad. Y así es con todas las actitudes. Siempre enfocadas en el potencial que he puesto en tu corazón, mas de ti depende si permites que la mentira lo use para el mal, o si permites que mi verdad lo utilice para el bien. De cualquier modo, vivir bajo la mentira te hace infeliz y lastima otros corazones, vivir en la verdad te hace feliz y ganas corazones. Es mi ley —. Medité por unos minutos esta sabiduría que me revelabas, cuando agregaste:

—Verás, mi creación se rige por principios que he diseñado, y mis principios del corazón siempre están presentes. El hombre, en su libertad, elige cómo los utiliza, si escuchas la mentira o escuchas mi verdad. Aprende a leer eso y serás mi instrumento para transformar existencias.

— ¡Oh mi Señor!, estoy tan agradecido porque a pesar de mis iniquidades Tú confías en mí. Me siento como Pedro cuando Jesús le dijo por tercera vez: "Apacienta mis Ovejas." Gracias mi Dios, gracias por reestablecer mi dignidad y encaminar mi corazón a lo que es el propósito de mi existencia, ser tu instrumento, servir, ser tu soldado.

Me recosté, solo por un breve momento, en el sillón de mimbre ubicado en el balcón, sin hacer nada más que escuchar los pajaritos, me hablaste:

—Ves, hacer nada también está bien, descansa la mente y el cuerpo un rato. No siempre tienes que estar haciendo algo. Eso te acelera y te lleva al apuro, el apuro trae frustración. Date un tiempo corto de no hacer nada de vez en cuando. Pero que sea corto, sino caerás en pereza u ocio. Usa ese tiempo para descansar. Hasta mi Hijo Amado descansaba y reclinaba su cabeza un rato. Descansar también es uno de mis principios —y, por primera vez en mucho tiempo, descansé, hice nada, y reposé mi cabeza en el cojín. Y aunque parezca tonto, debo decir que fue una experiencia única para mí.

Me levanto despacio, disfrutando el momento, y mientras me dirijo al cuarto, escucho un sonido de águila al fondo entre los árboles. Trato de buscarlo, pues es mi animal favorito, y allí comprendo el mensaje. Me dirijo a mi habitación y comienzo a escribir lo que Dios me va dictando para el siguiente ejercicio espiritual.

EE 5. La Visión. Día 6.

Si el EE del león fue emocionante, este ejercicio fue apasionante y absorbente, removió cada fibra de mi existencia, pues involucré mi corazón, mi mente y mi espíritu. Está basado en el segundo animal con el cual el Creador se identifica en toda la Biblia: El águila.

Debía imaginar que era un águila y desenvolverme en los tres ambientes que desarrollarían en mí las habilidades que me permitirán identificar la visión de mi propósito de vida: la determinación, la sabiduría y la distracción.

Primera Visión: DETERMINACIÓN

Inicio volando, estoy muy cansado, calculo que me encuentro a unos 3,000 metros de altura, apenas logro ver el suelo. Siento mi estómago rugir, tengo mucha hambre. Han pasado días y no he logrado cazar nada, y mi familia también tiene hambre. Mi vuelo es lento, siento mis alas pesadas y viejas, me cuesta el aleteo. Tengo el pico y las garras encorvados, por lo tanto, me cuesta cazar, tengo 40 años. De pronto, logro parar en lo alto de una montaña y me

| Día 6 |

postro sobre una roca ubicada en la parte más alta. Estando allí, como viviendo en letargo, siento cómo el viento roza mi rostro, estoy tranquilo. Diviso que a lo lejos hay un pico muy alto, creo que está cerca de unos 4,500 metros de altura. Lo observo con detenimiento, siento cómo el tiempo se detiene dando tregua al agotamiento, como a la expectativa de mi decisión.

—Nunca nadie ha ido a ese pico —pensé.

Tengo miedo, comienza el palpitar acelerado. Mi corazón me dice que allá es donde debo ir, que es en aquella cumbre donde encontraré lo que tanto ando buscando. Sé lo que debo hacer, mas me aterra solo pensar el difícil vuelo que me espera hacia esa cima que se ve lejana y solitaria. Le llaman el vuelo de renovación. Pienso en mi familia, en mi compañera y mis aguiluchos, y me armo de valor. No miro hacia abajo, solo mantengo la mirada fija en la roca más alta de ese pico e inicio el vuelo. El viento sopla muy fuerte, me tambalea, me cuesta incluso respirar. Pienso en regresar pero no, mi familia debe comer. Pasa por mi mente la idea de rendirme, es más fácil desistir y tratar de sobrevivir bajo mi condición actual, mas no es mi naturaleza, tengo esperanza en que de ese pico saldré siendo otro, o yo mismo, pero diferente. Llego a la roca y me ubico en una pequeña cueva situada en el extremo superior. Miro hacia abajo, logro divisar todo lo demás, estoy a una gran altura. Siento un gran temor, pues sé que será muy doloroso lo que estoy a punto de hacer. Observo que la roca de esta cueva es durísima por la altura, también reparo que aquí no hay depredadores que puedan dificultar mi tiempo de renovación. Calculo que debo estar listo en unos 3 meses, porque es lo máximo que puedo estar sin comer, y mi familia también. Veo mi pico encorvado y mis garras torcidas, sé lo que debo hacer. Comienzo a raspar el pico contra la pared de la cueva. Siento un inmenso dolor. Raspo y siento la carne al rojo vivo rasgando la piedra, me salen lágrimas de dolor. Restriego mi pico más rápido, prefiero acelerar el proceso porque sé que pasará. Quiebro lo que queda y me quedo sin pico. Duele mucho, es un sufrimiento agonizante. Te pido fuerzas mi Señor. Cierro los ojos y con el pasar del tiempo me voy quedando dormido.

Día 6

Al día siguiente, noto que ya no sangro y me duele un poco menos. Pasan los días y comienza a crecerme el pico. A medida que pasa el tiempo, el dolor se hace más llevadero, me voy sintiendo cada vez más fuerte. Ahora tengo un pico fortalecido y robusto.

—Debo seguir —pensé, mientras observaba mis seis garras torcidas y dobladas hacia adentro. Recordé que a mi compañera le encanta comer liebre, tenía mucho tiempo sin poder cazar una para ella porque mis garras encorvadas me imposibilitan mantener el peso de la presa. Decido continuar. Observo mis patas con detenimiento, presiento el sufrimiento venidero, mas ya no pienso en el dolor, sino en ella, espejo de mi alma. Con mi pico recién crecido, me arranco la primera garra de la pata derecha, es un dolor extremo, siento como si a una persona le arrancaran el dedo índice con una pinza.

— ¡Vamos! Solo faltan cinco más —pensé, mientras lágrimas gruesas salen por mis ojos, estas sí son de un sufrimiento verdadero y profundo. Continúo con determinación y arranco la segunda. Luego la tercera. Duele mucho, tiemblo del pánico, nunca había visto mi pata así, literalmente desgarrada, mas ya la cobardía la dejé atrás, pues sé que si comienzo a pensar el temor volverá y ganará. Me armo de valor, continúo con mi pata izquierda casi sin pensarlo. Comienzo a llorar desconsolado porque no hay nada que calme este inmenso dolor. Arranco la cuarta, quinta y sexta garra con violencia, exclamando un fuerte grito de dolor que se escucha hasta los confines más oscuros de mi ser interior. Tengo el pico lleno de sangre, siento el sabor de mi propia piel. Observo mis garras tendidas en la superficie de la roca, veo mis patas que sangran mucho, no las puedo mover porque están entumecidas por el brutal acto que acabo de realizar. Escupo sangre y pellejo, me desmayo.

Despierto al día siguiente, he dejado de sangrar y duele menos. Al cabo de un par de días siento la comezón, señal de que comenzaron a crecer mis nuevas garras. El horizonte se ve más prometedor ahora. No sé cuántos días pasaron, pero hoy puedo ver mis garras fortalecidas, están derechas y afiladas, me siento como Wolverine. Las abro y las cierro, siento una fortaleza tremenda, mientras un primer pensamiento me viene a la cabeza.

—La liebre —y sonrío.

No obstante, lo que sigue es la parte más difícil de este vuelo de renovación; arrancar las plumas. Debo removerlas una a una de todo mi cuerpo, incluyendo la cabeza. Este proceso demorará mucho tiempo, debo usar mis nuevos recursos para poder lograrlo; el pico renovado y mis garras fortalecidas. Sé que el dolor será prolongado, habrá muchas lágrimas, mas es la única forma de salir volando de aquí.

Inicio arrancándome las plumas del vientre, siento un dolor atroz, como si me dieran punzadas profundas con un cuchillo. Cada una duele más que la otra, pues mis plumas son viejas y duras, están tan pegadas a la piel como los malos hábitos al carácter del hombre débil. Pienso que es inhumano tener que pasar por esto, mas recuerdo que soy un águila, que yo decidí estar aquí, y a pesar de mi frágil naturaleza, me propuse volar con todos mis defectos hasta este pico para renovarme, y así volver a cazar liebres para mi compañera.

Observo mi vientre, está lleno de huecos por los cuales sangro, parecen llagas. El proceso es tormentoso, mas debo continuar y terminar, me falta poco. Prosigo con las plumas de la espalda, siento una especie de aguijones que me azotan cada vez que arranco una, es como si me clavaran espinas en la columna. Luego remuevo el plumaje de mis alas, estas son las que más me cuestan ya que son grandes y gruesas. Las arranco con el pico, siento como si me desgarraran un dedo con cada pluma. Procedo con la cola, luego el resto del cuerpo y termino con la cabeza, las cuales debo arrancar con mis garras que me arañan hasta el cráneo. Ha sido un proceso que ha tomado mucho tiempo, tengo todo el cuerpo lleno de huecos ensangrentados, como úlceras abiertas al rojo vivo, jamás imaginé tanto dolor en todo mi cuerpo. Me desmayo.

Día 6

Pasan los días y las plumas aún no crecen, al contrario, veo que me van saliendo una especie de costras, pican mucho. Me pregunto si me irán a crecer las plumas. Dudo un instante, luego recuerdo quien es mi Padre, confío en ti y me quedo dormido.

Al cabo de unas semanas, comienzan a crecer unas pequeñas plumas, parecen cañones. Sonrío. Transcurre el tiempo sin que logre estresarme, vivo en la serenidad de saber que he pasado lo peor y ahora solo es cuestión de esperar.

No sé cuánto tiempo pasó, solo sé que este día desperté estando rejuvenecido. Mis nuevas plumas brillan, su textura es suave pero resistente. Me levanto y extiendo mis alas, me siento fortalecido en todos los aspectos. Salgo de la pequeña cueva y me paro en el borde más alto de este pico. Miro hacia arriba, inhalo profundamente, respirando este nuevo aire, y pienso:

— Ningún águila ha llegado hasta allá arriba —. Sonrío y preparo todo mi cuerpo para la nueva aventura, el vuelo de la libertad, el vuelo de victoria, el vuelo del triunfo. Me tiro al vacío y emprendo el vuelo. El viento que antes me tambaleaba ahora no me hace ni cosquillas, es más, al parecer se hace uno con mis alas, me eleva más alto. Estoy volando a 6 km de altura, una elevación impensable para cualquier águila.

Tengo un hambre voraz, así que me dispongo a realizar mi primera caza bajo esta nueva condición. Desciendo con rapidez hasta llegar a unos pocos metros del suelo, bajo la velocidad y logro divisar a una liebre enorme. Se acelera mi corazón, siento cómo la sangre es bombeada por todo mi cuerpo. Con mis fuertes garras, logro atrapar la liebre de gran tamaño, la sujeto firme, siento como si no me pesara. Me dirijo a casa, quiero sorprender a mi compañera de vida. Llego y allí está, esperándome con mis aguiluchos. Ella se enorgullece al verme rejuvenecido y fortalecido. Se humedecen sus ojos, le consta que no ha sido nada fácil el proceso, mas sabe que lo hice por amor. Ella y mis aguiluchos comen. A pesar del hambre que tengo, yo no como, solo observo, la escena alimenta mi corazón. Soy determinado. Dirijo mi mirada hacia aquel pico alto en la montaña, recuerdo todo el dolor, mas no me arrepiento, ahora puedo vivir 40 años más al lado de mi familia. Lo volvería a hacer sin pensarlo.

Segunda Visión: SABIDURÍA

Soy apenas un pichón de águila, acabo de abrir el cascarón. Pronto, escucho el aleteo señorial de mi padre quien llega trayendo gusanos para alimentarme. Pruebo los gusanos, tienen un sabor interesante, pero por alguna razón me gustan, claro, soy un águila. Al terminar de comer, siento que algo me incomoda la espalda. Volteo, veo que hay una especie de espinas en el nido. Mi madre comienza a mover las espinas para que estas me puyen. Se me hace incómodo estar en el nido. De repente, siento que ella me empuja y caigo por el precipicio de aquella roca. Mientras voy cayendo, siento un terror espeluznante. Luego de unos metros de caída libre, escucho el aleteo señorial otra vez, es mi padre que viene al rescate. Siento seguridad cuando me atrapa. Tiemblo de miedo. Me regresa al nido, sin pensarlo me acobijo bajo las alas de mi madre. Comprendo lo que hacen: me enseñan a volar. Al día siguiente, sucede lo mismo, siento las espinas, mi madre me empuja fuera del nido, caigo sintiendo mucho temor, pasan los metros y mi padre no llega. Caigo más bajo, y cuando pienso que ya voy a llegar al suelo, escucho el aleteo. Mi padre me lleva al nido, corro a acobijarme bajo las alas de mi madre. Ella me dice:

— ¿Has visto cómo vuela tu padre?

— Casi ni logro verlo mamá, vuela muy alto —respondí.

—Así es hijo. Tú estás hecho para volar hasta más alto que tu papá —. Siento temor, pero con una extraña sensación de confianza que no logro comprender aún.

En los días siguientes, la historia se repite. Las espinas que me incomodan, yo al borde del nido, pero esta vez mamá no me empuja. Me dice:

—Lánzate hijo.

Y aun sintiendo un miedo aterrador, me lanzo con los ojos abiertos. Logro divisar todo desde esta altura mientras caigo, y pronto llega mi papá al rescate, pero esta vez no me lleva al nido, me lleva a volar con él. Me eleva muy alto, siento que mi corazón se quiere salir del pecho. Sin embargo, lo que ven mis ojos me enamora, y nace en mí algo que se convierte en mi primera convicción: nací para volar. Observo con detenimiento el vasto cielo, siento cómo el miedo se transforma en emoción. Siento la seguridad de estar volando con mi papá, sé que no me dejará caer, disfruto mi primer vuelo. Me lleva al nido, veo a mi madre, pero no corro a sus brazos, sino que me coloco otra vez al borde de la roca, quiero volar. Mi papá me da la instrucción, me enseña la *disciplina* del vuelo:

—Hijo, tírate de cabeza, luego abre las alas y estíralas. Debes planear primero para que tus músculos se vayan fortaleciendo con el viento. Luego, empuja el pectoral, tira hacia arriba, allí darás tu primer aleteo—. Yo asiento con la cabeza.

Estoy ansioso y emocionado. Me preparo. Me tiro. Abro las alas, planeo. Mi corazón late acelerado. Presiono el músculo del pectoral, pronto doy mi primer aleteo, siento como me elevo unos centímetros, luego doy el segundo aleteo y me elevo aún más. Veo que mi padre está volando conmigo, se mantiene a mi izquierda. Me dice:

—Ahora mueve la cola para estabilizar el vuelo y controlar la dirección —y así lo hago. Estabilizo el vuelo, siento cómo todo mi cuerpo se conecta con el aire, me hago uno con el viento. Vuelo alto, surco los cielos con mi padre, me siento tan realizado, me siento inmensamente feliz. Regreso al nido, cruzo miradas con mi mamá, está orgullosa. Ambos me felicitan y celebramos mi primer vuelo solo.

Al siguiente día, mi papá me levanta temprano y me dice:

— ¡Nos vamos de caza! —y comienzo a sentir una emoción inexplicable. Recibo la sabiduría de mi papá que me indica:

—Hijo, debes agarrar la presa con las dos patas, ya que, si solo utilizas una, podrías perder la presa.

Siguiendo la instrucción que recibí de mi padre, logro cazar un ratón. Al día siguiente, cazo un conejo. La emoción de cazar hace

Día 6

que la sangre corra por mis venas, induce en mi corazón un palpitar acelerado.

Aplicar la sabiduría que aprendí de mi padre me ha servido para tener mi propio nido ahora, he ido al pico más alto a renovarme, soy capaz de cazar un cervatillo pequeño porque tengo mucha fuerza en mis alas, en mis garras y en mi pecho, tanto que puedo soportar hasta 70 veces mi propio peso.

Tercera Visión: DISTRACCIÓN

El sello de las águilas es la *excelencia*. En esta parte del EE debía imaginar que practico la excelencia en todas las actividades que realizo, en todas las áreas de mi vida. Es decir, hago de la excelencia mi nuevo estilo de vida. Ya no como águila, sino como yo. Luego, debía identificar las distracciones que tengo en mi vida actual que me impiden desarrollar mi visión y construir mis sueños.

Me visualicé siendo excelente en mi vida cotidiana, fue una experiencia sugestiva, tan real y vívida que me impactó, tanto que decidí hacer todo lo que imaginé al regresar a casa, simplemente me enamoré de la excelencia. A diferencia de la perfección, la excelencia admite errores, está enfocada en el orden, la disciplina, la organización y la limpieza, más que en los resultados. Es decir, es cambiar nuestros malos hábitos por nuevas costumbres, es formar el carácter para acostumbrarnos al orden, el compromiso y la responsabilidad, es desarrollar una visión de águila.

Inicio la visión levantándome a las 5:30 am, sin alarma. Sí, sin alarma. Lo primero que hago es arreglar mi cama, mientras escucho mi lista de reproducción de *Spotify*. Me coloco de rodillas y oro por espacio de 30 minutos. Luego, tomo la Biblia, la leo, medito la palabra, mientras que el Espíritu me inspira y comunica la voluntad del Padre. Observo el armario junto a mi cama, es increíble lo que veo, todo está ordenado. Mi ropa está colocada en el closet de forma organizada. Los libros en la estantería están ordenados por tamaño. Abro las gavetas, todo está impecable. Me dirijo al baño, observo que los productos están dispuestos según el uso: productos para el cabello, limpieza dental, cepillos, cada

Día 6

objeto ubicado en su espacio definido. No hay cabellos por ningún lado, todo está limpio y pulcro. Incluso las toallas están ubicadas donde deben ir. Cada vez que utilizo algo, lo devuelvo a su lugar, y todo vuelve a quedar limpio, comprendo que es la clave para mantener el orden, regresar todo a su espacio asignado, parece tonto, pero hace una gran diferencia, en vez de dejar las cosas tiradas por otro lado, lo que promueve el desorden. Procedo a la cocina a prepararme el desayuno, observo que los utensilios y las vajillas están organizados. Me preparo el desayuno, como, y al terminar friego todo de inmediato, sin dejar nada sucio, nada para después.

Me dirijo al auto, me impresiona lo que veo al abrir la puerta. Donde antes había papelitos de las transacciones de tarjeta clave o de crédito por todos lados, ahora está pulcro. En la guantera se encuentran ordenados: el formulario para colisiones, los bolígrafos colocados en un estuche, el código de tránsito, el manual del conductor, y listo. Noto que debajo de mi asiento tengo un organizador de papeles, que al abrirlo, distingo que tiene los documentos del auto organizados y tabulados con sus respectivos nombres; títulos del auto, seguro de accidentes, mantenimientos, cambios de batería, todo está organizado. El auto está limpio, huele bien y no hay restos de basura ni papeles por ningún lado.

Llego a mi espacio de trabajo, me percato que en mi escritorio solo están la computadora portátil, el teléfono, el ratón y una libreta de anotaciones, los pendientes están en una bandeja. Los registros están dispuestos en un archivador que está rotulado y organizado. Mi espacio de trabajo está limpio y ordenado, me siento a gusto al trabajar así. Mi bandeja de correos electrónicos está ordenada por carpetas y subcarpetas, eso hace más fácil identificar los correos al contestarlos. Utilizo una herramienta digital para organizar mi tiempo y realizar actividades por espacio definido, así he logrado maximizar mi desempeño. Realizo las reuniones con una estructura definida, con la cual se ha logrado minimizar la frecuencia de las mismas y el tiempo de duración.

| Día 6 |

Luego del trabajo, procedo a ocuparme en mis proyectos personales: libros, conferencias, proyectos musicales, y también el movimiento Soldados de Cristo. He logrado asignarles un espacio de mi tiempo para darles seguimiento y avanzar a diario, hasta lograr una estructura de modelo de negocio que me permita dedicarme de lleno a mi propósito de vida. De hecho, tengo una planificación de mis proyectos a mediano plazo, he estructurado cómo podré dejar mi trabajo en los próximos 6 meses para dedicarme a mi propósito. Lo que antes se veía como un sueño, hoy se ve como una realidad gracias a la planificación estratégica que he implementado. Estoy emocionado, más que nunca puedo entender lo que significa: "Hacer tus sueños realidad", pues es construyéndolos que se hacen realidad.

Mientras trabajo en construir mis sueños, me percato que las distracciones me roban el recurso más preciado: el tiempo. Me doy cuenta que al utilizar las redes sociales consumo casi 4 horas al día, y serían más si cuento la utilización del *Whatsapp*. Reparo que, si dedico mi tiempo a ver series todos los días, o a realizar cualquier otra actividad de ocio de forma rutinaria, estaré desperdiciando el tiempo que podría dedicar a construir mis sueños. Entonces comprendí el gran enigma de la pobreza: es un sistema de pensamiento. Si para ser feliz debes seguir los anhelos de tu corazón, y para ello debes redirigir tus pensamientos y acciones a la construcción de los mismos, ¿Cómo lograrás construir tus sueños si dedicas la mayor parte de tu tiempo a actividades de ocio que no aportan a tal fin? Entonces no serás feliz nunca. Hacer el sacrificio de organizarte, de dejar aquellas actividades que roban tiempo para dedicarte a trabajar en la construcción de tus sueños, es la única forma de alcanzarlos. Es sencillo, quien no está dispuesto a ese sacrificio no merece ser feliz.

Tengo todas mis deudas pagadas al día y cumplo con todas mis responsabilidades. Comprendo que la excelencia es cambiar tu forma de pensar, es ordenar tu corazón y alinear tus pensamientos, y eso se reflejará en tu vida cotidiana. La excelencia es el estilo de vida de las águilas, de los hijos de Dios.

| Día 6 |

Al terminar el EE quedé sorprendido del poder de la imaginación, de su extraordinaria capacidad para hacerte sentir, idealizar, visualizar e involucrar tus sentidos, despertando emociones íntimas y reales. Comprendí que la imaginación siempre está activa, ya sea consciente o inconscientemente. Utilizas tu imaginación para crear pensamientos positivos o pensamientos negativos, ella dirige cómo percibes la realidad, y tiene un trasfondo que la controla: tus creencias. Tus creencias definen cómo imaginas las cosas que te acontecen, a partir de allí creas un juicio, lo que te lleva a tener o "crear" cierta percepción del acontecimiento, eso lo ves como tu realidad, y en eso se convierte. Es por esto que dos personas pueden percibir diferente un mismo hecho, actuar de forma distinta ante tal acontecimiento, y vivir realidades distintas.

Reflexión del EE5

—Padre, hoy me enseñas que la visión del propósito de cada hombre está en la imaginación. Ahora entiendo lo de "entrar al reino como niños", porque gozan de una imaginación ilimitada. Si los pensamientos obedecen a nuestro corazón, quiere decir que la imaginación está íntimamente relacionada con el corazón, pues ella toma los anhelos del corazón y los traduce a pensamientos, que luego se convierten en realidad. Es decir, nuestros pensamientos son diseñados por nuestra imaginación, por eso, es la creadora de nuestros sueños, como lo demostró Walt Disney. La imaginación es poderosa, ya que es una fuente inagotable, y esa es la forma de hacer real nuestros anhelos. Todo ser humano tiene una visión de su propósito, y la has puesto en nuestra imaginación. Sin embargo, al no saber escuchar nuestro corazón, permitimos que las experiencias negativas o las adversidades distorsionen nuestra percepción, llevándonos a utilizar la imaginación para crear pensamientos negativos, lo que nos hace sentir mal, entonces consentimos las distracciones, tratando de sentirnos mejor, pero estas nos impiden ver la visión, alejándonos de nuestros anhelos, entonces no somos felices, así nunca lo seremos. Pero nuestra imaginación siempre es capaz de volver a enseñarnos nuestra visión, solo debemos escuchar nuestro corazón.

| Día 6 |

Me preguntaste:

— ¿Qué te imaginas haciendo hijo mío? ¿Qué cosa puedes imaginar que acelere tu corazón y te llene de tal forma que incluso estarías dispuesto a invertir tus recursos por estar haciéndolo en estos momentos?

No respondí, mas vino a mi mente que necesitaría mucho capital para realizar ese sueño. Al instante agregaste:

—Si lo primero que pensaste fue "no tengo dinero", eso es una distracción, y tu mentalidad es de escasez. En la imaginación no vale el dinero, pues tienes recursos ilimitados. ¿Qué harías si el dinero no fuese problema? ¿Qué te ves haciendo? —entonces cerré mis ojos, imaginé, vi la visión y respondí:

—Me veo motivando masas Padre, hablándoles de ti, trayendo corazones a tu reino. Te va a parecer gracioso, pero me veo como un "Avenger", dirigiendo un grupo de jóvenes "Avengers" que se han sumado a la misión de conquistar corazones. Literalmente, soy como "Iron Man" liderando a estos "Avengers"; llevamos tu mensaje de amor a las cárceles, hospitales, sacamos a indigentes de las calles, visitamos enfermos, salvamos personas del suicidio, sanamos corazones quebrantados, y los traemos a tu presencia.

—He allí tu propósito, ser un soldado de mi Hijo Amado, un Soldado de Cristo.

Medité tu respuesta por unos instantes, y durante esos minutos, percibí una inmensa alegría que se traducía en una peculiar sonrisa que no podía borrar de mi rostro. Descubrí que estaba siendo feliz, solo de imaginarme cumpliendo mi propósito, y comprendí todo, comprendí cómo ser feliz. Hablaste:

— Hijo, para mantenerte en ese estado del alma, debes ahora renunciar a todos aquellos pensamientos y actitudes negativas que tu imaginación creó por tergiversar las experiencias que viviste. Para ello, confía en el fuego renovador de mi Santo Espíritu, pues es él quien te llena de la llama de mi presencia y hace cenizas el pecado y todo mal.

Día 6

Comprendí lo que debía hacer y me dejé guiar por el Espíritu. Había planeado una fogata como comenté en el día 1, sin embargo, no tenía ni idea de lo que iba hacer con ella, mas el Espíritu me inspiró.

Fogata. Día 6.

Tomé mi libreta de anotaciones y comencé a escribir en una columna todas las cosas a las que quería renunciar, las que debían morir siendo cenizas. Mientras tanto, la administradora Maritza me ayudaba a encender la fogata con Miguel, el capataz. Fue muy gracioso porque yo no podía hablar, eso le causaba mucha gracia a él. Después de varios intentos fallidos, y luego de que Maritza casi pierde sus cejas, lo lograron.

Con el sonido de la madera crujiendo, voy escribiendo las actitudes moribundas en la columna derecha de la página; ego, tener la razón, duda, miedo, procrastinación, controlador, idolatría del cuerpo. Observo lo que he escrito, entonces el Espíritu me inspira a escribir la virtud que las reemplazará en la columna izquierda; humildad, escuchar, fe, valentía, diligencia, esperar, castidad.

Virtud	Actitud
Humildad	Ego
Escuchar	Tener la razón
Fe	Duda
Valentía	Miedo
Diligencia	Procrastinar
Esperar	Controlador
Castidad	Idolatría del Cuerpo

Al terminar las anotaciones en la libreta, comencé a arrancar las actitudes de la columna derecha una por una. Cada vez que arrancaba una, la leía por última vez y la echaba al fuego.

| Día 6 |

Y mientras veía cómo se consumía en la llama, recordaba las veces que había tenido esa actitud. Así fueron agonizando las actitudes, poco a poco, una a una, hasta morir calcinadas. Y allí quedaron siendo cenizas, solo residuos del pasado. Hice un minuto de silencio por la muerte de mi viejo yo.

Tomé la libreta, observé con detenimiento la columna que quedaba, la de las virtudes. Comencé a imaginar mi vida llena de esas virtudes, sonreí. Me hablaste:

—Todo a lo que renunciaste es lo que te hacía débil. Ahora, recibe mi fortaleza, la fortaleza de un siervo de Dios, la fortaleza de mi elegido —y mi corazón palpitó como si volviera a nacer, cual ave Fénix que resurge de las cenizas, y sentí la llama, la llama de tu amor.

Luego me dirigí a mi habitación, coloqué la libreta encima de la cama y me dispuse para ir a cenar.

Cena. Día 6.

Llegué al comedor y para mi sorpresa, en aquella gran mesa de 6 puestos, solo había una silla, la que habías destinado para mí. Habían movido todos los muebles. Solo estaba ese puesto y la mesa en todo el comedor. Encima de la mesa se encontraba el banquete, y mientras comía, me hablaste:

—Hijo mío, la soledad es una bendición que le doy a las personas que necesitan encontrarse, como tú. Te doy mi promesa: "Trazaré rutas en tus soledades y pondré praderas en tus desiertos". Verás, la soledad es como la mamá águila que te tira por el acantilado para que pierdas el miedo a volar. Es como el papá que te instruye y te enseña a volar solo, para que tu vuelo sea fuerte y así puedas volar junto a otra águila. A la altura que vuelas solo puedes volar con otra águila. Has confiado en mí, ahora yo te cumplo mi promesa. Espera y verás.

Esta vez no hubo nostalgia como antes, hubo paz y serenidad, porque ya estoy en tus tiempos, y mi corazón lo sabe.

| Día 6 |

Agregaste:

—La soledad es dura como el pico más alto donde te renovaste. Es fuerte como el gorila que enfrentaste. Es el reto más difícil de un corazón, pero es mi ley para sacar lo mejor de ti. Es el desierto de los grandes líderes, de las grandes mentes, es el preámbulo de la gran promesa. Tiene un tiempo definido, es temporal. No es para cualquiera, pues no todos los hombres tienen el mismo llamado. Mas si te he llamado a la soledad no es para castigar tu pecado, no lo creas así, es porque Te Amo. Te amo tanto que te he acorralado para que vinieras a mí buscando una única salida a tu soledad, mas allí te he dejado, como aquella madre que saca las espinas del nido para forzarte a volar. Esa es mi soledad, sé que duele, y mucho. Pero dime, ¿Cómo te sentiste al terminar tu tiempo de renovación?

—Muy fuerte —pensé. Volviste a preguntar:

— ¿Y cómo te sentiste al regresar a casa con esa liebre para tu compañera?

—Se me hinchó el corazón —contesté.

—Ese es el fruto de la soledad, terminarás con el corazón hinchado. Te amo Danny Absalón, como nunca te han amado y como nunca te amarán —. Solo logré agradecerte con un gran nudo en la garganta. Te dije:

—Abrazo mi desierto, mi gorila, abrazo mi pico más alto, abrazo mi soledad. —y terminaste diciendo:

—Tu corazón siembre sabrá cuándo será el momento en que termine la soledad.

De pronto, me encuentro solo en esa mesa otra vez, sin ninguna silla, ni siquiera la silla donde, días atrás, había imaginado a mi compañera sentada a mi lado. Y de repente me doy cuenta que estoy en mi pico más alto, ya con el pico, las garras y las alas renovadas. Muevo el cuello de un lado al otro y digo para mí:

—Es hora de ir a cazar esa liebre — y sonrío.

| Día 6 |

Hoy no realicé el ejercicio de cuestionamiento, pues encontré mi propósito. Y mi Padre me dijo que, cuando encontrara mi propósito, todas las interrogantes se irían. Soy obediente, además, ya todo murió al calor de la fogata.

Esta noche escribiré.

Día 7

Oración Matutina

Luego de mi oración de la mañana me hablaste:

—Hijo mío, sabes que el hombre no es perfecto. Has crecido mucho y estoy contento, mas en algún momento tu corazón te irá diciendo las cosas que debes ir cambiando. Siempre, cuando identifiques aquellas cosas que debes dejar, cambiar o mejorar, pregúntate: ¿Por qué lo haces? Luego de responder pregúntate: ¿Para qué lo haces? Esas son las preguntas claves. ¿Recuerdas que cuando te he enviado las pruebas, me has preguntado el por qué? Bueno, el por qué es muy humano, el hombre siempre quiere saber, necesita encontrar una explicación de su sufrimiento. Pero los ¿Para qué? son más trascendentales, pues te demuestran la enseñanza y la finalidad de cada situación. No es lo mismo preguntarte el *porqué* de la prueba (justificación) al *para qué* de la prueba (propósito). Mis *Para qué* están llenos de propósitos que tú no ves, por eso, tu confianza en mí es vital para que vivas la prueba en paz, luego entenderás el para qué. El hombre que siente paz durante la prueba se fortalece, el que se atormenta buscando razones se debilita.

Si quieres conocerte y mejorar una actitud, busca el por qué y luego el para qué. Pero si quieres agradarme en la prueba busca solo el para qué.

Mientras meditaba lo que me acababas de decir, iba comprendiendo que tus designios son tan grandes que se escapan de nuestra mente, por eso, nunca entenderemos el porqué, sino más bien, encontraremos en tus *para qué* la intención de tu santa voluntad.

| Día 7 |

Te dije:

—Oh mi amado Señor, tu sabiduría me abruma. Es cierto, siempre busqué los "por qué" de las pruebas, así alimentaba la ansiedad por querer encontrar una explicación que justificara mi ego herido. Recuerdo estar arrodillado muchas veces en aquellas noches lánguidas, carcomido por la angustia, derrotado por la desesperación, buscando las razones que dieran sentido a mi dolor, a mi prueba. Y muchas veces, en mi oración, te reclamaba exclamando un grito desesperante: ¡Por qué! Ahora me enseñas a madurar en mi fe y buscar tus propósitos en la prueba, a encontrar paz en medio de la tormenta de mis pensamientos, a confiar en tu voluntad y aceptar que siempre permites la prueba para mi bien, a adoptar una nueva perspectiva ante la adversidad y mirarla con amor, porque es eso, un gesto de amor de mi Padre. Hoy me muestras que es más trascendente y significativo buscar mis para qué. El *por qué* es cuestión de niños porque es inmadurez, el *para qué* es cuestión de hombres porque es madurez.

Desayuno. Día 7.

Hoy llegó un grupo de personas a la villa, pues separaron un espacio en la mañana para realizar un taller de cuerdas. Estarían ubicados en uno de los salones que estaba apartado de mi habitación, de modo que yo podría seguir gozando del silencio. Sin embargo, en algún momento, escuché sus risas, producto de las dinámicas del taller.

—Oh, ruido —pensé. Me hablaste al instante:

—Hijo amado, el ruido como lo entiendes no es ruido como tal, son solo ondas que llegan a tus oídos, y son parte de mi engranaje. El ruido que quiero que calles es el ruido de tu mente, el murmullo de tus pensamientos, la voz de tus propias palabras. Si te la pasas hablando por hablar, ese es el ruido que te impide escuchar tu corazón, el que te impide escuchar mi voz. Si constantemente estás pensando en situaciones pasadas de dolor, o creando mentiras en tu mente, o alimentando pensamientos tristes, justificándolos, recreándolos una y otra vez, imaginando situaciones que ni siquiera

| Día 7 |

existen, ¿cómo vas a escuchar tu corazón, como vas a escuchar mi voz? Si tus pensamientos son de duda, miedo e incertidumbre, entonces no son mi voz, son la voz de la mentira de mi hijo caído. Mi voz te da paz. Aprender a identificar ese ruido solo se logra con el silencio. Es lo que has hecho en estos días, por eso, ahora sí me escuchas. Verás, soy Dios, y también soy un caballero: Yo solo hablo cuando tú haces silencio, eso es cortesía. Pero, si siempre estás hablando, ¿cuándo me das oportunidad de hablar? Para escuchar mi voz en el ruido del mundo solo debes callar, hacer silencio. ¿Acaso no has sabido distinguir mi voz de la voz de la mentira en este recogimiento?

—En verdad sí —pensé.

—Eso es porque la mentira no se puede disfrazar en el silencio, porque nadie puede competir con mi voz. Yo soy el Dios de los ejércitos, la voz que habla en el desierto, la voz que hace temblar, la voz que rajó el velo del templo y que abre los cielos. ¿Quién contra mí? ¿Quién puede resistir mi voz?

—Nadie Padre mío.

—La mentira se acobarda al escuchar mi voz y huye como cachorrito de hiena asustada. ¿Recuerdas cuando Elías huyó de la reina Jezabel que lo quería matar por haber asesinado a los sacerdotes del falso dios Baal? Él se escondió en una cueva y esperó a que yo hablara. Sobrevino un fuerte huracán, él salió pensando que era yo, no lo era. Hubo un gran temblor, él salió pensando que era yo, no era yo. Luego cayó un gran rayo que levantó fuego, tampoco era yo. Mas soplé una brisa suave, tranquila, silenciosa y allí le hablé. Yo soy dueño del silencio, del silencio de tu mente, porque allí es que escuchas desde tu corazón. Y cuando me escuchas desde el corazón, te haces uno conmigo, te doy paz, serenidad y tranquilidad. Y tu mente siente paz, serenidad y tranquilidad, entonces tus actos son pacíficos y serenos, tus decisiones son pacíficas y serenas, tu vida se hace pacífica y serena, y en las pruebas tienes paz, serenidad y tranquilidad. ¿Qué no es eso la felicidad? ¡Shemá Yisrael! ¡Escucha Israel! Escuchar mi voz es tu felicidad. Verás, siempre le pedí a mi pueblo elegido que me

| Día 7 |

escuchara, quería que fueran felices, mas tenían su cabeza dura y un corazón necio. ¿Por cuántas iniquidades no tuvieron que pasar por su necedad? ¿Por no saber escucharme? Sus ojos vieron grandezas que ninguno de tu generación ha visto, y no me escucharon. Les envié a mi primogénito y tampoco lo escucharon. Danny Absalón, la necedad me duele. ¡Me duele! ¡Me duele! ¿Sabes tú acaso cómo es mi dolor? Mi dolor es el dolor de un Padre. ¿A tu madre le duele verte sufrir? ¿Cuánto más crees que sufro yo que lloro por ti y por ella? Porque te veo sufrir, me recuerdas a mi amada Israel, porque caes postrado de rodillas a mis pies sufriendo grandes dolores del corazón, pidiéndome consuelo, y se parte mi corazón de Padre al verte así. Cuando yo, en mi infinito amor, solo te digo: Shemá Danny Absalón. Escucha Danny Absalón. Porque cuando escuchas mi voz, se enciende en tu corazón una llama ardiente, mi *Shin*, comienza a arder en ti mi esencia inmutable que transforma tu existencia, se prenden mis saetas de fuego, se enciende mi amor incondicional. ¿Recuerdas lo que dije de mi hijo cuando se llenó de mi luz en aquel monte santo? "Este es mi hijo amado, escúchenlo", porque escucharlo a Él es escuchar mi voz. En toda la historia de la salvación, jamás hablé tan claro como con la voz de mi Hijo amado. Sus palabras son mis palabras pronunciadas por boca del Hijo del Hombre, y él les enseña de forma que ustedes comprendan. Les he masticado mi sabiduría al entregársela a través de mi hijo. Y toda mi palabra, mi voz, es para hacerte feliz, lo que todo corazón anhela. Entonces, si Él te dice: perdona como yo perdono, es para que seas feliz. Si Él te dice: ama como yo amo, es para que seas feliz. Si él te manda a dar frutos con tus talentos, es para que seas feliz. Si Él te manda a amar a quien te ha hecho daño, es para que seas feliz. Si Él te manda a luchar por la paz y la justicia, es para que seas feliz. Si Él te dice: recibe mis palabras, guárdalas en tu corazón y practícalas, es para que seas feliz. Entonces, ¿Por qué no lo haces? ¿Por qué no escuchas? Por eso sufres. Por eso no eres feliz. Escucha mi voz en el desierto, escucha mi voz en la brisa suave, escucha mi voz en las palabras de mi Hijo, escucha mi voz en el silencio de tu corazón, si me escuchas desde tu corazón serás inmensamente feliz.

Día 7

Tu voz quedó resonando en las fibras más íntimas de mi corazón, que armonizaba al ritmo de tus palabras. Te escribí:

—Oh mi Dios, mi Señor, mi Padre bueno, cuánto más me amas que hasta me enseñas a ser feliz. Podría dejar todo lo demás a un lado, renunciar a todos mis anhelos y aun así, solo con escucharte, seré feliz. Oh mi gran Rey, ¿Cuánto no he sufrido sometiéndome yo mismo a pruebas innecesarias solo por no escuchar tu voz? ¿Cuánto dolor no he permitido por hacerme sordo a tu voz? Tú solo has querido que yo sea feliz, mas he lastimado tu hermoso corazón por mi cabeza dura y mi corazón necio. Me duele Dios, me duele mi Señor, me duele saber que he sido como tu Israel rebelde que no te escuchó, me duele saber que también te lastimé por querer hablar y no escuchar tu voz. Me parte el corazón saber que he sido sordo a tu voz, que he sido orgulloso al querer escuchar solo mi voz, que no soy víctima sino el responsable de mi dolor. Ya no más mi Señor. Abrazo mi silencio, te escucho desde mi corazón, habla Padre bueno, quiero escuchar tu voz, quiero ser feliz.

Contemplé en mi mente el siguiente pensamiento:

— ¡Debería hacer silencio por toda mi vida! —y tú me respondiste:

—Danny Absalón, a veces eres muy extremista, actúa con mesura, eso es sabiduría —. Te escuché mi Señor, y sentí paz, serenidad y tranquilidad. ¿Qué no es eso la felicidad? Sonreí.

Luego pensé:

—Entonces la clave de todo está en aplicar la ley de Pareto 80-20, 80% corazón y 20% mente —mas tú corregiste:

—No hijo mío, hay que aplicar la ley de Dios, que es trinitaria, 100% escucha, 100% corazón, 100% mente —. Entonces escuché, olvidé las "leyes" de este mundo, y adopté tu trinidad: Padre, Hijo y Espíritu Santo. Te llevo clavado en mi pecho.

| Día 7 |

Me dirigí hacia la habitación para realizar un ejercicio de contemplación, mas no tenía idea de qué podía visualizar. Te pregunté:

— ¿Qué quieres que contemple hoy Señor? —mas noté que pasaron los minutos y no escuché tu voz. Me extrañó, pues ya estaba acostumbrado a tu pronta respuesta.

Pensé y pensé, nada venía a mi cabeza. Decido callar mis pensamientos y disponerme a escuchar. Desvío la mirada al pie de la cama y observo la Biblia. La tomo, la abro al azar, sale el evangelio de Marcos 14, 32-42. Tú hablas y yo obedezco Padre.

Contemplación. **Jesús en el Getsemaní.** Día 7. *Leer también Lucas 22:39-46 y Mateo 26:36-50*

Es una noche oscura y sombría. Te veo, estás allí con todos tus discípulos, todos menos Judas que ya se fue. Te levantas lentamente y llamas a Juan, a Santiago y a Pedro, les pides que te acompañen a orar. Se levantan, se disponen a seguirte, pero antes de ir, te volteas, los miras con detenimiento, observo como aparece el brillo en tus ojos, y dices:

—Siento en mi alma una tristeza mortal.

Me aterrorizo al escuchar tus palabras, y comienza el palpitar acelerado en mi corazón. Te siguen tus discípulos, yo hago lo mismo, mas trato de esconderme para no ser visto. Hay una oscuridad total, no logro ver casi nada, solo se escucha el sonido de las pequeñas ramas rompiéndose con nuestras pisadas. El silencio es atroz, no es normal, es como si todo el planeta estuviese rindiendo tregua al tiempo, como a la expectativa del momento. Llegamos a un lugar sombrío y solitario.

Día 7

Te volteas y te diriges a tus discípulos:

—Oren para no caer en tentación.

Luego te apartas unos metros, yo hago de intrépido y te sigo cuidando mis pisadas, respetando el sigilo de la noche. Estoy allí, a pocos metros de ti, mi corazón no deja de latir fuerte, me pregunto si lo escuchas. Te arrodillas como yo me arrodillaba al orar, con la cabeza girada hacia un lado y las manos extendidas, como en señal de rendición. Escucho tu gemido, y aunque no dices palabra alguna, noto tu profunda agonía, me duele verte así. Luego, postras la cabeza en el suelo, al igual que yo hacía en mis oraciones más íntimas con el Padre. Recuerdo que oraba así cuando sentía una enorme ansiedad y un inmenso dolor. Tiemblas como yo lo hacía suplicando al Padre que escuchara mis peticiones, observo cómo vibra tu cuerpo, estás viviendo una profunda tribulación. Hace frío, pareciese que el calor ha dejado de existir. Quiero tocarte pero sé que no debo. Estando aún con la cabeza y las manos en el suelo, observo como aprietas fuerte la tierra húmeda que se escapa entre tus dedos, tembloroso, logro percibir cómo la suciedad del lugar se incrusta en tus uñas. Escucho tu llanto amargo, alcanzo a ver cómo se te salen los mocos, y no puedo dejar de recordar cuando, en mis noches más oscuras, lloraba con todo y aquellas secreciones, que no son más que la muestra del llanto amargo de un corazón quebrantado y afligido. No aguanto más mi Jesús, corro hacia a ti y me arrodillo a tu lado, ya he comenzado a llorar contigo. Te quiero consolar, quiero abrazarte y tratar de darte fuerzas, más algo me lo impide, sé que no debo hacerlo, me siento impotente. De repente, te escucho hablar con una voz entrecortada que exhala un susurro que aturde las fibras de mi alma ya contrita, y dices:

— ¡Abba! Papito…

Estás orando como un niño temeroso, me recuerdas tanto a mí, no te has guardado nada, estás en la máxima debilidad humana.

Continúas:

—Aparta de mí esta copa si es posible… —te detienes tratando de tomar aire— pero que se haga tu voluntad y no la mía.

Día 7

Me duelen en el alma tus palabras, recuerdo que mi oración era igual, pidiéndole a Dios que cumpliera mi anhelo pero que se hiciera su voluntad. Te reincorporas lentamente luego de unos minutos. Te veo, estás maltrecho, angustiado, temblando, lleno de mocos y lágrimas. Caminas hacia los discípulos y los encuentras dormidos. Te agachas, le tocas el hombro a Pedro, quien se asusta al verte angustiado, le dices:

—Simón, ¿duermes? Levántate y ora, que el espíritu es animoso pero la carne es débil.

Él asiente con la cabeza, mas queda mudo al verte así. Regresas a tu lugar de oración, y todo se repite. Te arrodillas, cabeza en el suelo, la tierra entre tus dedos, lágrimas, mocos. Te escucho gemir y decir con la misma voz temblorosa:

—Abba, si puedes, aparta de mí esta copa, pero que se haga tu voluntad —y vuelves a llorar amargamente.

Me recuerdas tanto a mí. Lloro contigo, con tu dolor, me identifico tanto contigo. Te levantas, aun estás maltrecho, lleno de lágrimas, embarrado de tus mocos, de tierra húmeda y sudor. Caminas otra vez hacia tus discípulos, buscando compañía en medio de tu sufrimiento. Esta vez, al pasarme de frente, vuelves tu rostro hacia mí, tu mirada penetra mi corazón, quedo en estado de shock, pues tienes mi rostro, solo que con una barba más tupida. Veo cómo una lágrima diferente recorre tu rostro, es mi reflejo en ti, estás llorando por las veces que yo he llorado, que yo he estado como tú, llorando así, angustiado y desolado. Continúas tu camino dirigiéndote a tus discípulos y percibes que duermen. Estás abandonado en tu soledad, en tu dolor, en tu angustia. Entristeces.

Regresas a tu lugar de oración, pero esta vez no me miras. Vuelves a arrodillarte, a postrar el rostro en el suelo y agarrar la tierra. Pronuncias las mismas palabras, pero esta vez dices Padre en vez de Abba. El silencio de Dios es terrible. Me agobia, a ti también. Me acerco a ti dispuesto a consolarte, ya no me importa interrumpir en la historia, no aguanto más, pero al acercarme veo sangre en tu rostro.

| Día 7 |

—Yo nunca he estado así —pensé.

Copiosas gotas de sangre caen al suelo, recorren tu hermoso rostro, veo como se mezclan en tu barba. En la tierra hay lágrimas, moco y sangre. Comprendo que tus gotas de sangre, tu angustia y tu dolor son porque estás viendo todos los pecados de la humanidad pasar por tu cabeza, incluso me vez a mí pecando. Una espada me atraviesa el corazón, pues también soy responsable de tu dolor. Ya no puedo más, me lanzo a consolarte. Sin embargo, justo antes de llegar a ti, una luz poderosa y resplandeciente me echa al suelo de rodillas, con rostro en tierra. El destello es tal que no puedo verlo, la presencia me abruma al punto de ni siquiera poder levantar el rostro. Sé que es un Ángel, y solo puedo escuchar su voz profunda que te dice:

—Aquí estoy.

Hago un gran esfuerzo sobrehumano por levantar el rostro, mas solo puedo desviarlo a mi derecha para verte. Observo cómo levantas la cabeza del suelo, veo la mano del Ángel acariciar tu rostro, es muy luminosa, tanto que tengo que cerrar un poco los ojos, mas tú lo ves de frente, comprendo que tu luz es igual, por eso, no te encandilas. El Ángel te habla con una voz que estremece toda existencia:

—Te amo mi hijo predilecto —y eso te consuela. El amor de tu Padre te consuela. Preguntas:

— ¿No hay otra manera Padre que no sea beber de la copa de tu santa ira?

Sentí cómo el lugar se llenó de una ternura celestial que abrazaba todo el Universo, y el Padre contestó:

—Mi amado, mi elegido, no hay otra manera. Beber mi copa es la única forma de salvarlos.

Y en el más profundo gesto de amor por nosotros, contestaste:

—Lo haré Padre. Que se haga tu voluntad.

Ahora comprendo por qué pedías apartar la copa y no que Dios te librara del dolor. No sentías temor a la muerte, ni a los azotes, ni a la cruz, porque siempre demostraste ser muy valiente.

| Día 7 |

Tu angustia era beber de la copa de la ira de Dios, que significaba dejar la presencia de tu amado Padre para cargar con el pecado del hombre. Bebiste el cáliz que nos salvó y que concentraría el castigo final por todos los pecados del mundo. En ese momento comprendí que aceptaste abandonar aquello que amabas por sobre todas las cosas, porque la presencia de Dios no puede cohabitar con el pecado. Mi Jesús, mi precioso y amado Jesús, es allí que comprendo que te hiciste el cordero inmolado por mí, me amaste a tal extremo que renunciaste a tu mayor amor, por mí. A pesar de tu inmenso y profundo amor por tu Padre, aceptaste beber la copa de su santa ira, dispuesto a que tu Gran Amor te diera la espalda para convertirte en el cordero cuya sangre pagaría el precio del pecado, y así darnos libre acceso a la presencia de Dios. Renunciaste a tu santidad para ser envuelto por pecados ajenos, renunciaste a la santa presencia del Padre que tanto amas, por mis pecados. Tomaste mi lugar y cargaste con la maldición de mis culpas. Mi corazón está compungido, lleno de una enorme tristeza, pues cuando lo aceptaste, la voz del Padre calló, la luz se disipó, el ángel desapareció y el silencio volvió a reinar en la oscuridad. Ahora comprendo que mis lágrimas, mi angustia y mi dolor nunca se compararon a tu sufrimiento. Yo sufría por temor, tú sufrías por amor, un amor que iba más allá del entendimiento humano. No llorabas por miedo como lo hacía yo, sentías una tristeza de muerte al saber que debías sentir la ira de tu Padre amado para pagar por mi pecado. Aquí me quebraste mi Cristo, aquí me cambiaste, aquí desgarraste mi corazón con tu acto de amor desmesurado, el acto más valiente de la historia de toda la humanidad, el gesto excelso del amor incondicional, el amor más perfecto y sublime de toda la historia que se contaría por siglos de siglos, y te convertiste en cordero por amor.

Al instante, por espacio de unos segundos, pareciese que todo el universo hubiese detenido su marcha para presenciar este momento. Observo cómo te comienzas a levantar lentamente, pero con una determinación extraordinaria, tanto que me abruma.

Te paras erguido y fortalecido; yo nunca me pude parar así luego de orar con clamor, me paraba débil. Me levanto de a poco hasta

| Día 7 |

que logro reincorporarme. Te observo de frente, clavas tu mirada en mis ojos, siento un rayo que penetra directo a mi corazón que comienza a latir muy rápido. Percibo que tienes otro rostro, ya no es el mío, tienes el rostro del hijo de Dios. Mi palpitar es acelerado y mis oídos zumban. Veo como sujetas tu manto y limpias tu cara de las lágrimas, los mocos y la sangre. Mantienes tu mirada fija en mí. Ahora yo estoy temblando ante ti mientras me observas con un gran carácter, ya no eres el joven angustiado, eres el Hombre de Dolores. Me impresionan tu determinación y tu convicción. Clavas tu mirada en mi alma, como los clavos que te ataron a la cruz de la salvación, y en ese momento, mi corazón se estremece, mis ojos se abren de la admiración y mi cuerpo se paraliza al escuchar tu voz poderosa decir:

— ¡Ya es hora! —y te conviertes en Redentor.

—Oh mi Jesús, qué valiente has sido al afrontar tu misión de cargar con los pecados de la humanidad a coste de la presencia de tu amado Padre. Admiro por sobre todas las cosas tu determinación y coraje para decir: Ya es hora. Me estremeciste sabes. Sentí cómo atravesaste mi corazón y removiste cada fibra de mi ser. Eres mi modelo, eres mi varón a seguir, ya no me importa que los demás digan que es imposible ser como tú, que no se puede amar como tú, que eso es un ideal. No me importa que me critiquen por creer en el amor incondicional, no me importa correr mil veces el riesgo de ser lastimado por amar con entrega, ya no me importa. En el momento que clavaste tu mirada en mí encendiste la llama del amor de Dios, encendiste en mí el deseo ardiente por proclamar tu amor incondicional, encendiste en mí la determinación y el carácter de permanecer en tu amor a pesar de cualquier circunstancia. Con tu mirada, mi Jesús, has clavado tu identidad en mi corazón porque ahora escucho tu voz clara que resuena en los confines de mi existencia y vibra potente diciendo: ¡Ya es hora!

"Fuerte como la muerte es el amor, como saetas de fuego, la llama de Dios" *Cantares 8: 6.*

| Día 7 |

Termino la contemplación, mis emociones están a flor de piel, siento una mezcla entre dolor y gozo, entre aflicción y regocijo, es extraño, mas tengo la firme convicción de que tu sacrificio fue la más grande muestra de amor. Me dirijo al comedor para almorzar, aunque no tengo apetito.

Almuerzo. Día 7.

—Mi amado Padre, ha sido un almuerzo diferente, lleno de tu silencio. No dejan de resonar en mi corazón aquellas palabras de Jesús: Ya es hora. ¿Cuánto carácter me ha faltado antes para mantenerme firme y agradarte? ¿Cuán niño e inmaduro he sido al no afrontar mi propósito con hombría? Ya es hora mi Señor, es hora de dejar esas actitudes de niño, ese apego a mis criterios inmaduros, a mis formas de pensar forjadas por el vano dolor de víctima. Ya es hora de ser un hombre, un hombre con propósito, un hombre que ama como tú y punto. Un hombre de palabra, un hombre de convicciones profundas, un hombre con la determinación de conquistar sus sueños, con la convicción de construir sus ideales, un hombre con carácter, con el carácter de Jesús.

Y mientras comía me hablaste con propiedad:

— Hijo mío: ¡Ya es hora! Este es el "para qué" de este retiro, de esta soledad, quería que supieras esto: Yo soy tu Padre, te amo hijo, tú serás padre también, y lo comprenderás. Te amo hijo mío. ¡Te amo!

Tus palabras llegaron a mi corazón e inundaron cada fibra en él, traté de contener mis lágrimas y me dijiste:

—Vamos, llora, los hombres también lloran —y de mí brotaron dos lágrimas, lágrimas de hombre. Gracias Padre.

Al instante, un inmenso y reflexivo silencio invade el comedor. Durante varios minutos mi mente medita sobre aquellas palabras de Cristo que estremecieron mi existencia. Ya es hora de dejar atrás aquellas formas de pensar que me encarcelaban y comenzar a vivir la forma de pensar de Jesús. Ya es hora de dejar el temor atrás, como cosa de niños, y afrontar con valentía mi nueva condición, la de hijo de Dios. Ya es hora de creer en mí, de confiar en que cualquier circunstancia sucede para mi bien. Ya es hora de honrar a mis padres siendo un hombre de convicciones profundas que trabaje por construir un mejor presente. Ya es hora de ser un sembrador de paz, de ser un constructor de las riquezas del reino de Dios. Ya es hora de renunciar a las cadenas que yo mismo me impuse, cadenas mentales atadas a mi subconsciente a las cuales permití gobernar el rumbo de mi vida por muchos años, enmascaradas como "criterios de vida" forjados por la vivencia de experiencias negativas donde me victimicé. Ya es hora de asumir la responsabilidad de mi vida y corregir el rumbo, de entregar las riendas a Jesús y permitirle darle un nuevo sentido a toda mi existencia. Ya es hora de dejar de auto flagelarme por tantos errores y fracasos, y comenzar a existir en la fe, de vivir con la esperanza de que es Jesús quien hace nuevas todas las cosas, de luchar con valentía por permanecer en el amor que dura para siempre. Ya es hora de ser un avivador de los corazones que se han apagado por miedo, de encender en ellos la llama del amor que es la presencia inmutable de Dios que transforma al ser humano. Ya es hora de dejar de pretender y comenzar a vivir en la verdad, ya es hora de ser quien nací para ser, ya es hora de ser yo: Soldado de Cristo.

De nuevo me encuentro sentado en aquella silla color marrón ubicada en el centro del comedor de vidrio, conmocionado por el carácter de Jesús, y nace la inspiración para el siguiente ejercicio espiritual.

Me dirijo a mi habitación para preparar el EE, tomo la computadora portátil, comienzo a escribir lo que el Espíritu Santo me va inspirando. Al cabo de unas dos horas surge el siguiente ejercicio.

EE 6. El carácter de Jesús. Día 7.

Este ejercicio fue diferente a todos los demás. Yo tenía conciencia y voluntad en lo que hacía, pero esta vez mi cuerpo era el de Jesús. Es decir, era yo pero debía actuar como lo haría Jesús en cada situación. El EE se trataba de construir una tabla con los valores del carácter de Jesús en los tres niveles en los que se construye la identidad: el personal, el familiar/pareja y el profesional.

Primero, debía elegir tres cualidades para cada nivel, estas definirían mi identidad, y luego las estudiaría una por una.

Para el nivel personal decidí examinar las siguientes cualidades: mi actitud, mis hábitos y el manejo de las finanzas. Para el nivel familiar/pareja opté por la fidelidad, la comunicación y el trato. Para el nivel profesional me dispuse a analizar la responsabilidad, la diligencia y la determinación.

Al mismo tiempo, para cada una de las cualidades antes mencionadas, debía elegir una *virtud* que definiera el carácter que quería desarrollar inspirado en la persona de Jesús. Cada virtud o valor debía estar arraigado en la *integridad*, porque ella demuestra la coherencia entre lo que piensas, lo que dices y lo que haces. Luego escribiría una *frase* que afirmara dicho valor. A continuación, debía establecer cuál sería la *disciplina* a seguir para desarrollar esa virtud. Y por último debía identificar la *tentación* que pudiera hacerme caer, ya que la tentación prueba el carácter.

Este ejercicio fue el más difícil y el que más tiempo tomó en elaborar. De allí surgió la siguiente tabla.

| Día 7 |

Carácter de Jesús

PERSONAL

	ACTITUD	HÁBITO	MANEJO de FINANZAS
INTEGRIDAD (Valor)	Honestidad	Levantarse Temprano	Honrado
FRASE	¡Siempre digo la verdad!	¡Yo me levanto temprano!	¡Yo nunca robo!
DISCIPLINA	Decir la verdad *no matter what*	Despertar a las 5 am	Planificación de gastos
TENTACIÓN	Mentira Blanca para salir del paso	Quedarse dormido por ver series hasta tarde	Tener dinero ajeno cuando hay necesidad

PAREJA

	FIDELIDAD	COMUNICACIÓN	TRATO
INTEGRIDAD (Valor)	Confiable	Escuchar y Respetar	Cariño y Afecto
FRASE	¡Yo soy fiel a mi pareja!	¡Siempre escucho a mi pareja!	¡La trato como una reina!
DISCIPLINA	No escondo el celular ni borro mensajes.	No interrumpir. No imponer mi punto de vista	Acaricio, hablo bonito, detallista, preocupación
TENTACIÓN	Compañera de trabajo chatea en las noches	Yo creo tener la razón	Estamos discutiendo

PROFESIONAL

	RESPONSABILIDAD	DILIGENCIA	DETERMINACIÓN
INTEGRIDAD (Valor)	Puntual	Cumplido	Enfocado
FRASE	¡Yo siempre llego a tiempo!	¡Entrego mis proyectos a tiempo!	¡Mantengo claro mi objetivo!
DISCIPLINA	Manejo del tiempo (horario de actividades)	Planificación con fecha de compromiso	Dejo celular a un lado cuando trabajo
TENTACIÓN	Ocio	Procrastinar	Distracción

A medida que realizo el ejercicio, imagino escenarios donde pongo en práctica los valores descritos en la tabla, actúo con el carácter de Jesús, y a su vez aplico todo lo aprendido en los días anteriores. De pronto, el Espíritu Santo me muestra algo interesante. Comienzo a ver cómo mi cerebro va desarrollando

| Día 7 |

nuevas conexiones nerviosas que se extienden a lo largo de todo mi cuerpo al mantenerme constante en la disciplina de practicar estas virtudes. El hábito se hace parte de mí, me convierto en un hombre con esa virtud porque mi cerebro ha adaptado mi cuerpo para poder ejercerla. Esto hace que mi carácter, mis actitudes, mis sentimientos, mi forma de pensar y mis creencias, se reorienten hacia la nueva virtud, por tanto, todo mi ser cambia, o como dice el evangelio, me convierto en un hombre nuevo. Es el secreto del cambio, de permanecer, es el resultado de la perseverancia. Esto es muy sabio, mas no lo pensaba así para las cosas de Dios. Es decir, sucede de igual forma con la oración constante, con la lectura diaria de la palabra y con las obras de amor al prójimo, porque al realizarlas de manera constante, se crean conexiones nerviosas que se adhieren a todo tu ser, y tu cuerpo se va adaptando a ese nuevo estilo de vida hasta transformar tu realidad en una nueva persona. Es aquí que comprendo la gran importancia de la disciplina y la constancia, es que así se transforma tu existencia. Es estar tan metido en Jesús que la única opción posible es ser transformado por él.

Y justo en medio de mi discernimiento me hablaste:

—Es así Danny Absalón. Imagina si pasas al menos 5 min viendo *Instagram* cada vez que te suenan las notificaciones, entonces si suena 10 veces estarías dedicando 50 minutos de tu día.

—Mi celular timbra más de 10 veces al día por las notificaciones de las redes sociales —pensé. Agregaste:

—¿Y qué tal por el *WhatsApp*?

—Ni contarlo —pensé con gran asombro. Continuaste:

—Son distracciones. No son malas, pero el tiempo que dedicas a ellas no regresa, es el más valioso recurso siendo desperdiciado, es la trampa del ocio que te aleja de tu visión, porque en ese tiempo puedes seguir desarrollando las conexiones nerviosas que te llevarán a la realidad de vivir el propósito que tengo para ti. Vencer la distracción y enfocarte en tu visión requiere autodisciplina. ¡Esa

Día 7

es la marca de la excelencia! Suena sencillo, pero no lo es, porque al principio debes enfocarte y obligarte, nada que valga la pena es fácil, no es mi ley la del menor esfuerzo, debes trabajar duro por construir tus anhelos porque solo así los valorarás. De la misma forma, si lo haces por un bien mayor como lo es tu propósito de vida, entonces siempre estarás alineado con tu corazón, y ya sabes que esa es la clave para todo lo demás.

—Oh mi Señor, reflexiono acerca de la autodisciplina y la gran importancia de desarrollarla. Percibo que, en cada una de las virtudes que escribí, tuve que ser perseverante para lograr mantenerla, hasta el punto que ya se hiciera parte de mí. Aunque cueste y sea difícil, el resultado final es una vida nueva, totalmente renovada y transfigurada, por esto vale la pena el máximo esfuerzo por conquistarme. Ahora abrazo la autodisciplina como la herramienta más útil para forjar un nuevo carácter, el carácter de Jesús.

—Mi Señor, mi amado Señor, ¿cuántas veces me he sometido a los tormentos de una vida desordenada solo por falta de autodisciplina? ¿Cuántas horas te he robado al dedicárselas a cosas que no tienen valor en la eternidad? ¿Cuántas veces no habrá aprovechado el enemigo mi falta de carácter para sembrar mentiras en mi cabeza por estar distraído de mi visión? ¿Y cuánto dolor no me habrá traído eso? Ya no más mi Dios, has hecho de mí algo nuevo con este retiro, me has enseñado tanto que he conocido la completa expresión de mi "yo interior" y me has llevado a escuchar desde el corazón, al punto de poder conversar contigo y que me reveles tu santa sabiduría, eres mi tesoro. Gracias mi buen Señor.

Terminado el ejercicio, me dirijo a mi habitación para realizar mi rutina de entrenamiento. Mientras me estoy vistiendo, tomo por primera vez el espejo de mano y observo mi rostro. Veo algo diferente, algo que llama mi atención. Veo tu llama mi Señor, veo tu fuego ardiendo en mis ojos, mi mirada es distinta. Luego tomo mi celular, comienzo a revisar mis anotaciones diarias en la aplicación de notas, y por diosidencia tuya, veo unos comentarios del "Reto de Libertad", aquel manual que me llevaste a escribir en

| Día 7 |

el 2018 y que nunca publiqué, precisamente por andar distraído y procrastinar. El mismo trata de un reto de 40 días, está inspirado en la película "El Desafío del amor". Este es un manual inspirado por el Espíritu Santo en donde se te presentan una serie de compromisos a realizar por día para conquistar tu libertad. Al final de los 40 días te habrás liberado de todo aquello que te mantiene atado. Recuerdo tus palabras: Terminar es más importante que comenzar.

Luego pensé que hay que hacer el "Reto de Libertad" antes de realizar este retiro de silencio, aunque en verdad, cuando yo lo hice, los resultados que obtuve de autodescubrimiento fueron tan profundos que continué hasta los 126 días, pero eso será motivo para otro libro. Pienso:

—Tus propósitos son más grandes de lo que yo pensaba.

En ese momento me haces recordar aquel 4 de Octubre de 2016, cuando me mostraste mi soberbia y me diste mi primera gracia: el llanto del arrepentimiento. Fue un día donde sentí un profundo y nostálgico deseo por asistir a misa. No me explicaba el porqué. Sin embargo, luego de mi jornada laboral, decidí asistir a la eucaristía. Me tocó ir a una iglesia donde pocas veces había asistido, pero era la más cercana a mi lugar de trabajo. Durante la homilía, el sacerdote hablaba de la soberbia y el orgullo, de la importancia de combatirlos con la humildad. Todo el mensaje era para mí. Ese día me abriste los ojos a mi realidad: era soberbio. Me dolió tanto darme cuenta de mi ceguera que me dirigí directo a la oficina, pasé horas leyendo y buscando en internet cómo ser humilde.

Cada oración que leía era como un puñal que atravesaba mi corazón, estaba tan ciego que nunca logré ver mi propio orgullo, y al aprender de la humildad me di cuenta que me faltaba todo, absolutamente todo por ser humilde. Ya de madrugada, me dirijo a mi casa con el corazón inconsolable y entristecido. Mientras voy manejando me ataca un llanto inexplicable, al punto que no puedo abrir los ojos de lo angustioso que es, tengo que orillarme y detener

Día 7

el auto al hombro de la autopista porque el inmenso arrepentimiento no me deja ni conducir. Me quedo así por espacio de 15 minutos, llorando angustiado, arrepentido de la soberbia, el pecado de Satanás. Luego la aflicción va cediendo poco a poco y me voy calmando. En ese momento siento cómo un peso es quitado de mi cuerpo y me siento más liviano. Una serenidad invade mi corazón, por espacio de 8 días me mantengo en un letargo espiritual, estudiando y leyendo acerca de la humildad y de cómo cultivarla, pues es la madre de todas las virtudes.

El 12 de Octubre de 2016 la experiencia fue contraria. De igual manera estaba conduciendo, pero esta vez me ataca una risa incontrolable. No puedo parar de reírme, tanto que me comienza a doler el abdomen. Tengo que orillarme al hombro de la autopista otra vez. El ataque de risa dura unos 10 minutos, no me explico el porqué de esta carcajada, era como si el Espíritu Santo me estuviera haciendo cosquillas. Allí comprendo que la humildad nos hace felices porque no espera nada, y que el ego, el orgullo y la soberbia son la única razón de nuestras tristezas, porque lo que duele cuando te traicionan o te hacen daño es que le han pegado a tu orgullo, y entre más orgulloso eres, más fuerte el dolor. Solo la humildad te lleva a perdonar la ofensa de tal forma que el resentimiento no se albergue en tu corazón, porque no cabe en un corazón humilde, solo en uno orgulloso. Siempre te dolerá una ofensa, pero lo que determina por cuánto tiempo y en qué grado te afecta, es la humildad. Y muchas veces no distingues cuándo permites que el orgullo entre a tu corazón. A veces el dolor es tal, que encuentras en el orgullo lo único a lo que aferrarte para superar la pena. Sin embargo, el ego, el orgullo o la soberbia te llenan de resentimiento. Por el contrario, la humildad te permite cultivar el perdón por amor, el que te libera de las cadenas del rencor, que además te permite mantener tu corazón libre de esas ataduras emocionales que te estancan y te impiden cultivar relaciones personales sanas. Puede sonar idealista, pero solo te invito a que te hagas una pregunta:

¿Qué hubiese hecho Jesús en tus zapatos?

| Día 7 |

Jesús solo habla de su corazón una vez, es en Mateo 11, 29 y dice: "Aprendan de mí que soy manso y humilde de corazón, y hallarán descanso en vuestras almas". La paz de Jesús solo llega a un corazón humilde. No por nada en Santiago 4, 6 dice que "Dios rechaza a los orgullosos y da su gracia a los humildes".

Unos meses después le conté todo esto a una amiga estudiosa de la palabra y de las gracias que el Señor nos da. Me explicó que el "llanto del arrepentimiento" es una gracia que Dios concede a quienes ha elegido para comenzar a trabajar en sus corazones, preparándolos para un gran propósito.

Luego de este recuerdo, medité sobre los últimos 3 años de mi vida, y me di cuenta que has estado preparándome para este retiro. Primero me llevaste a realizar el "Reto de libertad", luego a escribir "Passaggio", ahora a experimentar el movimiento "Soldado de Cristo". Soy tu instrumento mi amado Señor, aún en mis días más oscuros me utilizaste, ¿cuánto más podrás hacer ahora que te escucho? Me hablaste:

—Tu mente no puede imaginar lo que tengo para ti. Mis propósitos son más grandes que tú. Por eso, hijo mío, no puedes estar solo, necesitabas aprender a confiar, en mí y en los demás, porque necesitarás mucha ayuda para mis propósitos. Confía que la ayuda llegará en mis tiempos.

—Confío en ti Padre, descanso en tu santa voluntad, la cual siempre es para mi bien, buscando guiarme hacia la felicidad, que es estar en tu presencia. Ahora comprendo que mi entrenamiento ha terminado, que es hora de reclutar para este movimiento que sanará los corazones afligidos —y comencé a ordenar mis cartas.

Vuelvo a observar mi rostro en el espejo, me veo diferente, veo que hay paz en mis ojos, veo determinación y convicción. Y caigo en cuenta de algo: tres años para transformar mi corazón. El primer año fue el pico, el segundo año fueron las garras, que cómo dolieron, y el tercer año fueron las plumas, las que causaron mayor sufrimiento y demoraron más en sanar. Tres años, tres sufrimientos, con 33 años de edad al igual que Cristo cuando

Día 7

cumplió su misión. Me honras Padre. Ahora estoy listo para volar más alto, ya el viento no me tambalea. Estoy listo para los 6,000 metros de altura. Soy tuyo mi Señor. Tu águila está lista, tu león está listo, tu soldado está listo, tu hijo está listo. ¡Ya es hora!

De pronto, un gran sosiego llena mi corazón. Reflexiono sobre aquellos momentos de aflicción que he vivido, me doy cuenta de que por cada momento de dolor, Dios siempre tuvo un momento de consuelo para mí. Pretendí colocar en la balanza mis tristezas sobre mis alegrías, y acepté que tengo más razones por las cuales estar agradecido, pues hasta del dolor logré aprender grandes lecciones y madurar como persona. Esto me llevó a replantearme la gran pregunta que se hace todo hombre y mujer.

Quinto cuestionamiento. Día 7.

¿Qué te hace feliz?

—Todas mis respuestas han cambiado, ahora has puesto un nuevo canto en mi corazón, solo hay una frase tallada en mi templo santo, en tu lugar de descanso mi Jesús, solo hay una escritura plasmada en las puertas de mi corazón, solo una: Ya es hora. Esa es mi felicidad, servirte, amarte sirviendo y conquistar tu corazón.

De pronto, siento una gran fuerza en mi pecho, mi corazón late acelerado y se entumecen mis músculos, me dices:

—Te has consagrado a mí, ahora prepárate para ser usado.

—Me siento privilegiado mi Cristo, servirte y ser tu instrumento es mi nuevo concepto de cielo.

Y con esta gran alegría en mi corazón, me mantengo allí en la capilla. Tomo el tiempo necesario para escribir mis anotaciones del ejercicio que acabo de realizar.

—Mi amado Señor, he terminado de escribir mis anotaciones de EE7, ha sido muy fructífero, me siento un águila. Ya no busco la perfección por ego, sino la excelencia por amor. Tú eres el Dios de la excelsitud, pues tuya es toda grandeza y majestad, anhelo con todo mi corazón que mis obras solo sirvan para alabar y glorificar

Día 7

tu santo Nombre. Mi buen Jesús, tu carácter es mi nuevo norte, mi inspiración para vivir como un águila.

Tu silencio se hizo presente durante este espacio, un silencio compartido. Por primera vez en mucho tiempo, mi mente está emancipada de aquellas ideologías pasadas que tanto pensar ocupaban, ahora se llena con pensamientos colmados de esperanza, llenos de ti. Y mientras cultivo mi confianza, me dirijo a la habitación para disfrutar de un momento de no hacer nada. Pero Tú mi Dios, obras de maneras misteriosas.

Tercera Batalla.

Ya en la habitación, tomo la computadora portátil, me dispongo a revisar el archivo en Excel que contiene la programación de este retiro y la descripción de los ejercicios espirituales que has ido diseñando día a día. Estoy sentado en la silla tipo mecedora terminando de guardarlo, pues el enemigo me ha hecho borrar varias cosas por error, mas he logrado rescatarlas. Así que, en las noches, guardo todo en mi disco duro externo. De pronto, tú actúas mi Dios. Dentro de los cientos de carpetas que he guardado en el disco, me llama la atención una carpeta del 2014 que contenía unas fotos de un celular que tuve en ese año. Comienzo a ver las fotos y a recordar, recordar es vivir dicen. Sin embargo, a medida que paso las fotos noto algo extraño, mi mirada. Es triste, muy triste. Comienzo a revisar cada foto, me doy cuenta que en todas ellas tengo esa mirada, a pesar de intentar sonreír, mi mirada es triste, muy diferente a la que acabo de ver en el espejo. Te pregunto:

—¿Padre, por qué tengo esa mirada? Sé que los "por qué" los debo cambiar a "para qué", pero por esta vez, déjame saber para que mis hijos nunca tengan esa mirada —. Tú respondes:

—La respuesta no te gustará —. Sin embargo, insisto:

—Revélame Padre la razón de mi tristeza —mientras Tú me respondes de inmediato:

Día 7

—Está bien —pero no dices nada más y guardas silencio. Yo comprendo y te digo:

—Espero en tus tiempos mi Señor, yo solo escucho, cuando sea tu tiempo, ya sea en este retiro o meses después, yo espero.

Procedo a terminar de guardar los archivos en el disco, cierro la laptop, comienzo a cambiarme para hacer mi rutina de ejercicio diaria, soy disciplinado. Mientras me cambio viene a mi mente una palabra que Maritza, la administradora del lugar, me dijo en la conversación que tuvimos el primer día. Recordé que ese día nos reunimos porque yo quería explicarle mis horarios y todo lo que iba a hacer, porque después no iba a poder hablar. Solo recuerdo que, como parte de la conversación, ella mencionó que los cuestionamientos eran buenos porque a veces la mente bloquea de niño cosas que uno no recuerda de adulto. A ella le había pasado, no recordaba su infancia muy bien, recuerdo haberle dicho que a mí también me pasaba igual. Te dije Señor:

—Padre, ¿Será que tengo algo en mi mente que está bloqueado que aún no has sacado? —mas Tú aún guardaste silencio. Insistí:

—Padre, tú eres el Dios que alumbra toda oscuridad, si ese es el caso, ilumina mi mente para que salga de la oscuridad aquel recuerdo o aquella experiencia que me ha atormentado para tener esa mirada triste —aún guardas silencio. Prosigo a realizar mi rutina de ejercicio ya despreocupado, confiando totalmente en tu voluntad. De pronto, mientras entreno, actúas, pones el recuerdo en mi mente.

Soy apenas un niño, no recuerdo mi edad, pero calculo que debo tener unos 3 años. Yo tenía un perrito, el cual aún no recuerdo el nombre, era crema. Estoy jugando con él, como cualquier niño juega con su mejor amigo. De pronto, por un motivo ajeno a mi entender, mi padre toma un palo de escoba y comienza a pegarle con crueldad a mi perrito, justo en frente de mí, yo me siento muy asustado, comienzo a llorar. El perrito, atemorizado y adolorido, sale corriendo despavorido y se esconde debajo de la cama de mis padres. Yo salgo detrás de él, mas mi

Día 7

padre se agacha, se coloca debajo de la cama y con la punta del palo de la escoba comienza a pegarle en las costillas a mi perrito para que salga. Oigo a mi perrito chillar desesperado mientras mi papá lo puntea con el palo de la escoba de forma violenta. En unos minutos cesa el chillido. Mi padre se detiene, está agitado. Yo me agacho debajo de la cama a socorrer a mi perrito, mas no se mueve. Tomo el palo de la escoba, lo toco, mas no se mueve, mi padre me manda a salir. Salgo muy asustado, me siento en el portal de la casa a llorar sin consuelo. Luego escucho una voz que dijo dentro de mi cabeza: fue tu culpa.

Vuelvo a mí, ya de 33 años, recuerdo que en todas mis tristezas que pasé cuando niño, volvía a ese portal a llorar, recuerdo que cuando me rompían el corazón, me traicionaban o lastimaban, volvía a ese portal a llorar. Recordé que tuve otra perra de mascota, y cuando falleció por muerte natural, yo lloré desconsolado su muerte, todos se preguntaban por qué me había puesto tan mal. Toda mi vida pasó por delante de mí. Todas mis angustias, mis agonías, todo el dolor que encerraba y me tragaba, el que me costase dejar ir y entraba en depresión ante una ruptura amorosa, todas las veces que caminaba solo, sin rumbo fijo, solo porque me sentía triste, mi falta de carácter, la razón por la que lloraba todas las mañanas por años y años, todas las mañanas sin falta, lloraba en mi carro cuando nadie me veía mientras manejaba, las veces que tenía que levantarme de mi puesto de trabajo o en la universidad para ir al baño porque quería llorar, mi falta de constancia y mi inestabilidad emocional, las bajas calificaciones en la escuela, mi incapacidad para hacer amigos y mantener relaciones sanas, la razón por la cual no confiaba en mí y me costaba confiar en otros, la baja autoestima, mi constante sentir de culpabilidad, la razón de mi mirada triste en la foto, mi padre había asesinado a mi mejor amigo, a mi perrito, por mi culpa, y había entrado en mí el espíritu de depresión. Me hiciste ver que por casi 30 años viví con una depresión que carcomió mi existencia. No puedo describir cómo lloré, no era un llanto normal, era un quejido de mi alma, era algo sobrenatural saliendo. Lloré más que lágrimas, lloré la depresión amarga dentro de mí, lloré mi sin sabor por la vida.

Día 7

Me levanté de inmediato y comencé a caminar destrozado, dando vueltas en aquel balcón frente a mi cuarto. Caminaba sin control de mí, y en ese momento, luego de siete días callado, rompí el silencio.

—Era mi perrito, era mi perrito! —comencé a decir repetitivamente, sin parar, lo repetía como alguien que tiene problemas mentales.

Estuve así caminando en círculos, repitiendo eso por espacio de cinco minutos. Hasta que escuché mi corazón que me dijo:

—Perdona a tu papá —y escucho la voz del Espíritu Santo que me dice:

—Póstrate.

En ese momento, siento una presencia avasallante y caigo al suelo de rodillas, postro mi rostro en el suelo, recuerdo la escena de Jesús en el Getsemaní, mas mi oración es diferente, con un gran quejido del alma y copiosas lágrimas digo:

—Papá, te libero y te perdono —y rompo en un llanto muy amargo, el llanto más amargo que he llorado en toda mi existencia.

De pronto, exclamo un grito de profundo dolor. Todo mi cuerpo tiembla y al instante siento una liberación, una presencia sale de mí, llevándose consigo el llanto amargo. De inmediato supe lo que fue, el espíritu de depresión. En ese momento, recordé que mi mamá me decía que yo había perdido mi sonrisa de niño, que antes era sonriente y lleno de un amor puro, pero que ahora era más serio, parco y amargado. Al instante, siento cómo una gran paz inunda mi alma y se aloja en mi corazón. Y de pronto, allí mi Dios-Padre, allí te haces presente, y me regalas tu mayor gracia.

Todas las noches anteriores habían sido muy calurosas. Pero hoy no, hoy Tú te mostraste tal como te manifestaste a Elías. Mientras estoy postrado en el suelo sin fuerza alguna para poder levantarme, tu presencia llega en forma de brisa suave que acaricia. Comienzas a tocarme los brazos con tu viento tenue y delicado.

| Día 7 |

Se me eriza toda la piel. Mi corazón se acelera, yo comienzo a rezar mi oración, aquella que he ido construyendo poco a poco en estos meses de estudio de tu palabra, mi oración en hebreo:

"Toda Abba, Hashem Echod, Yeshua Hamasiash atá tikvati, Ruah Hakodesh Yiré Adonaí, Chokmah, Mussar, Bittachon Lev, Tikvah, Yachal, Emunah, Shalom, Agapé, Makarios, Shin. Sakak Naki Kavanah. Anavah Levav Yeshua"

En español sería algo como:

Gracias Papá, Dios único. Jesús, el Mesías, en ti confío. Espíritu Santo, dame temor de Dios y sabiduría, enséñame tu disciplina hasta que haya confianza en mi corazón. Dame esperanza y enséñame a esperar. Dame tu paz, para crecer el amor incondicional, que hace feliz y me llena de tu presencia inmutable que transforma la existencia. Toma mi imaginación, purifica mi corazón y mi intención. Hazme humilde para que mi corazón se haga uno con el de Jesús.

La hago una vez, y la brisa sopla más fuerte, esta vez acaricias no solo mis brazos, sino mis mejillas y todo mi rostro. La hago por segunda vez, y tu brisa sopla más fuerte, me acaricias los brazos, el rostro y ahora el pecho. La hago por tercera vez, tu brisa sopla aún más fuerte, y envuelves todo mi cuerpo. Es tan fuerte que me mueve de un lado a otro. Escucho tu voz decir:

—Levántate.

Con las pocas fuerzas que me quedan solo logro levantar mi rostro del suelo, como Jesús cuando el Ángel lo acarició en el Getsemaní, mas yo no puedo abrir los ojos, tu presencia me lo impide, me hablas como a tu hijo amado en aquella noche, y me dices:

—Aquí estoy.

Y yo, tu hijo Danny Absalón, sonrío de verdad por primera vez en 33 años, y me entrego a tu presencia.

Día 7

Permanezco así por unos minutos, arrodillado, sonriendo, con tu brisa acariciándome mientras descanso en tu paz, una paz diferente. Descanso en el espíritu.

Perdí la noción del tiempo y la conciencia de lo que aconteció después. Solo sé que, luego de unos minutos, me encuentro sentado en el piso de aquel balcón, la brisa ha dejado de soplar.

Respiro profundo varias veces y me quedo un rato en silencio. Luego me levanto, y sin decir palabra, me dispongo a terminar mi rutina. Para mi sorpresa tengo más fuerza. Me parece algo como de película, pero noto que tengo más resistencia para realizar los mismos ejercicios que apenas ayer me costaban más. Sonrío.

Termino mi rutina y me baño como de costumbre. Al terminar mi ducha, me recuesto en la cama, siento un gozo indescriptible, tu paz me inunda. Estando allí recostado cierro mis ojos y te digo:

—Tuyo soy mi Señor —y en ese momento siento que la cama comienza a hundirse cerca de mis brazos y pies. Lo había sentido en las noches anteriores, pero me asustaba un poco, me levantaba a orar y luego se me pasaba. Esta vez es diferente, estoy sumergido en tu paz, no siento un ápice de temor. En ese momento, logro ver cuatro especies de demonios con rostros horribles, cabellos largos y con harapos blancos. Cada uno me toma por mis extremidades, con sus manos húmedas y frías comienzan a jalarme, como queriendo arrancarlas de mí. Yo sonrío, por primera vez en toda mi existencia estoy completamente confiado en ti. Solo apenas comienzo a rezar mi salmo preferido, el 23:

—El Señor es mi Pastor, nada me falta, en verdes praderas me hace repo... —cuando de pronto, visualizo que un ángel desciende de los cielos, veo como desenvaina su espada en cámara lenta, realiza un solo movimiento seco y tajante con el cual corta por la mitad a los 4 demonios que me tomaban para atormentarme, es el Arcángel Gabriel. Yo sonrío, y nada de la escena me perturba ni me hace perder tu paz. Abro mis ojos, y para mi sorpresa, me doy cuenta de que el techo de mi habitación tiene una decoración en gypsum que no había notado, asemejan dos águilas, una es más grande que la otra, y la de mayor tamaño cubre bajo sus alas a la más pequeña, recuerdo el salmo 57:

"Bajo la sombra de tus alas me acobijo mientras pasa la tormenta".

Comprendo que soy tu águila mi Señor, estoy cubierto por tu santa presencia. Recuerdo el salmo que he estado recitando desde meses atrás:

"En ti pondré, oh Altísimo, mi confianza el día que tenga miedo. Renuevo mi fe en las palabras del Señor, yo confío en Dios, y no temo más".

Y descanso en el espíritu.

—Mi amado Señor, no has dejado de sorprenderme en todos estos días. Mas hoy, el séptimo día de este retiro, a las 7:00 pm, luego de haber realizado el séptimo Ejercicio Espiritual, a mis 33 años de edad, luego de haber estado 3 años preparándome para este retiro, y de haber orado 3 veces mi oración hebrea, me diste lo único que hacía falta a mi vida: Alegría de Vivir. Gracias mi Dios.

Vuelvo a entrar en un letargo espiritual que dura varios minutos, mientras gozo de aquella paz inmensurable. Al cabo de unos minutos, entro en conciencia otra vez y me dispongo para ir a cenar.

Cena. Día 7.

—Mi amado Padre, esta cena ha sido diferente. El silencio de tu paz ha permanecido desde mi liberación. Hoy no me siento solo. Veo sentados en mi mesa a mi amado Jesús, a su madre María, a tu Santo Espíritu, a Auriel, mi ángel guardián, a San Gabriel y a aquel que no me has permitido revelar, sino solo a la mujer que será mi esposa. Junto contigo, son siete los que me protegen y guían mis pasos, ustedes son mis *"Avengers"*. Me siento tan tranquilo, relajado, feliz y contento que nada puede robarme esta gran serenidad que has puesto en mi corazón y en mi mente.

Día 7

Mañana vuelvo al mundo para la segunda fase de este retiro, estar en silencio durante siete días más pero en mi vida cotidiana. No sé lo que me tengas preparado, mas sé que me seguirás sorprendiendo.

¡Padre bueno!, gracias mi Señor, gracias por amarme así, por guiarme en este camino que emprendí buscando una respuesta, y lo que me diste fue una vida nueva, renovada, un corazón diferente, más humano, agradable a ti, un propósito firme, y la determinación de seguir a delante a pesar de todo. Liberaste mi alma cautiva y ahora mi Señor, ahora es tiempo de construir. Ha llegado mi tiempo, mi tiempo de ser feliz, ya es hora.

Te amo.

Día 8

Oración Matutina

—Oh mi Señor, hoy en mi oración de la mañana solo pude darte las gracias. Gracias mi Dios por todo cuanto me has dado, por mi liberación, por tus revelaciones, por este retiro de silencio en el que me has llevado a tu encuentro. Me dijiste:

—La gratitud es signo de humildad.

— ¿Cuántas veces, mi Señor, fui mal agradecido con las cosas que me dabas, y que por el falso orgullo pensé que las había logrado solo? Pues reconozco que solo tú Señor, eres el creador y dador de maravillas. Has hilvanado cada hilo de este retiro y lo has convertido en una experiencia de transformación. Lo has diseñado según tu voluntad, todo por cuanto he pasado ha tenido un "para qué", ocurriendo en tus tiempos, formando la ecuación perfecta para el silencio. Yo tenía un esquema planificado, pensando en que este retiro lo iba a hacer yo solo, sin dirección. Mas cuán equivocado estaba. Has sido Tú, mi Padre amado, quien ha dirigido este retiro, Tú me has conducido al encuentro con la voz de mi corazón. En el momento que callé y escuché, Tú comenzaste a trasformar cada pequeño detalle hasta llevarme a escucharte en el silencio, y allí me encontré. Ahora me has dado un corazón puro y un espíritu renovado que hoy canta tus maravillas. Soy feliz mi Dios, inmensamente feliz —. Tú no te guardas nada y me dices:

—Diviértete hijo mío, esta aventura apenas comienza.

Me coloco los lentes de contacto por primera vez en 8 días, percibo que este lugar es más hermoso de lo que pensaba.

| Día 8 |

Se han esmerado en decorar el jardín con plantas coloridas y con formas especiales que resaltan la belleza del lugar.

—Parece un paraíso —pensé— Ahora comprendo lo que es no ver.

—¿Cuántas veces me perdí de la vida que me regalabas por mi ceguera? ¿Cuántas veces no tropecé por la venda en mis ojos? Ahora Tú me haces ver Padre amado, me haces ver con el corazón, me has enseñado a distinguir lo esencial de lo secundario, me permites la gracia de poder ver tu rostro en toda la creación, has creado para mí una nueva realidad, donde soy tu hijo y quieres que sea feliz, muy feliz.

Con la intención de agradecer al Padre su gracia otorgada en este retiro de silencio, me dispongo a alistarme para asistir a la Eucaristía. Mientras me coloco la ropa, voy recordando los momentos vividos, a su vez que una sonrisa sincera y peculiar gobierna la expresión de mi rostro. Estoy contento.

Misa. Día 8.

Llego a la Iglesia del pueblo y me siento en las sillas del medio, guardando aún el silencio. De pronto, siento que se me acerca una persona, reconozco que es la señora Leida, la dueña de la villa de retiro, quien asiste sin falta a esta misa todos los domingos. Ella y su esposo, el señor Chang, habían estado intrigados con la idea de un muchacho de mi edad haciendo un retiro de silencio. Al acercarse, me toma por los hombros, me fija la mirada y me pregunta con una gran alegría:

— ¿Ya puedes hablar? —mas yo muevo la cabeza en señal de negación. Ella entristece, baja la cabeza, y cual niña desilusionada, regresa a su silla. Me recordó a mi bisabuela, quien hacía el mismo gesto cuando terminaba mi visita en el asilo donde pasó sus últimos años. Ese gesto llegó a mi corazón, quedó resonando en mi cabeza. Quise hablar, mas aún estaba en mi voto de silencio.

Me percaté que la gente de la villa; la administradora, la cocinera, el jardinero y los dueños, habían asistido a la misa, estaban

Día 8

contentos de verme allí. Me alegré al verlos y saberme acompañado, aunque fuese de lejos, pues ellos se sentaron aparte para respetar mi silencio.

De pronto, escucho la música. Al instante percibo que la guitarra está desafinada y pienso en ir a ayudar al cantante. Luego recapacito:

—Estoy volviendo a mis juicios, ya aprendí que debo dejar que las cosas simplemente sean y fluyan —entonces te pregunto:

—Padre, pero eso ya lo he cambiado —mas tú respondes:

—Son vestigios del hombre viejo. Ahora debes poner en práctica todo lo que aprendiste y mantenerte constante, eso es mi sabiduría.

Entonces comprendí que debía comenzar a crear nuevas conexiones nerviosas para aquello que sembraste en mi corazón y en mi mente. El cuerpo debía adaptarse. Esto no había sido algo mágico, sino que requiere de un esfuerzo de mi parte por desarrollar todo lo que me has enseñado, es mi responsabilidad mantener la constancia. Agregaste:

—Es la perfecta simbiosis entre mi Santo Espíritu y tú —asentí con la cabeza, y asumí mi responsabilidad.

Estando sentado allí en aquella silla blanca de plástico, escuchaba cómo el sacerdote hablaba de que el amor es lo que nos hace como Tú, que el amor es servicio, y que el servir es para los demás. Fue entonces cuando comprendí que creaste mi voz para servir a los demás, para hablar de ti con pasión y cantar alabanzas a tu nombre.

Cuando me acercaba a tomar la comunión, por alguna razón, mi corazón se aceleró. Regreso a la silla, voy comiendo tu cuerpo, cierro mis ojos, y justo en aquel momento, me llega en forma de visión la contemplación de tu pasión, luego recuerdo tu regazo mi Jesús, revivo la pasión de tu santa madre, evoco la barca de Pedro, saboreo el banquete del hijo pródigo, y regresa tu mirada penetrando mi corazón en el Getsemaní, y te dije:

| Día 8 |

—¡Ya es hora! —y sonreí.

Al terminar la misa, me levanto para dirigirme a mi auto y es entonces que te escucho decir:

—Tu voz es para servir a mis propósitos. Vamos, cuéntales.

Entonces hago una excepción en este retiro y rompo mi voto de silencio. Me acerco a Maritza y le digo:

—Hola Maritza —mientras ella levantaba las cejas sorprendida. Continué:

—He decidido hablar y contarles mi experiencia —percibí una pequeña molestia en la garganta, seguro por no hablar. Ella se alegró muchísimo. Contestó:

— ¡Qué alegría! Déjame decirle a Gracie, la cocinera, y a la señora Leida, que estaban ansiosas por escucharte. Se van a poner muy contentas.

La expresión de alegría de Gracie y de la señora Leida al saber que les compartiría mi experiencia no tuvo precio. Me invitaron a un almuerzo entre todos para compartir conmigo, y así tener la oportunidad de contarles cómo me había ido.

La señora Leida y el señor Chang son los benefactores de una gran obra: la escuela vocacional de Chapala. Ayudan a jóvenes con problemas de disciplina, algunos de droga, otros recluidos de la sociedad por mala conducta, rebeldes de sus padres o que abandonaron la escuela, en fin, muchachos en riesgo social. En este centro les enseñan el valor del trabajo y la disciplina, se enfocan en reintegrarlos en la sociedad con una conciencia diferente, para que su enfoque sea el sentido de pertenencia y aporten al desarrollo del país. Aquí es donde se confeccionan las placas de los autos en mi hermoso Panamá.

Los esposos Chang son gente de gran corazón. Me invitaron a pasar a su casa que queda justo al lado de la villa de retiro, querían compartir conmigo antes del almuerzo. Les conté del llamado que mi Padre me había hecho para el movimiento Soldados de Cristo,

| Día 8 |

que la razón de este retiro de silencio era aprender a escuchar la voz de Dios desde mi corazón, y así crecer en intimidad con él.

Me comentaron que estaban sorprendidos, despertaba en ellos gran curiosidad el hecho de que un muchacho se interesara por cultivar una relación íntima con Dios, y más aún a través de un voto de silencio. Para ellos, eso era cosas de los monjes tibetanos. De hecho nunca habían conocido una persona que pasara tantos días en silencio total, desconectado de todo, menos a una corta edad. Eso les marcó y llamó su atención.

Les pregunté:

—Sra. Leida, ¿Cuántos años tiene esta casa de retiro?

—33 años, tu edad —contestó.

—¡Qué casualidad! —respondí con asombro. Agregué:

—Le quisiera hacer una petición con mucho respeto.

—Claro hijo, dime.

— ¿Me podría permitir montarme en el trampolín? Nunca he montado en uno, creo que este día es el momento perfecto para una primera vez.

—Por supuesto que sí —respondió con dulzura— esta casa es tuya.

— ¿Entonces también podré bañarme en la pequeña cascada? —comenté con una gran sonrisa.

—Puedes disfrutar de todas las instalaciones.

Me dirijo con entusiasmo a mi habitación para cambiarme de ropa. Entonces, fuera de todo lo planeado, comprendí cuál era el ejercicio espiritual de este último día.

EE 7. Divertirse. Día 8.

Este ejercicio se basa en ser feliz. Solo debía disfrutar de las instalaciones y gozar de todas las bendiciones que el Padre me regalaba.

Día 8

Trampolín

Observo el trampolín con detenimiento antes de montarme, recuerdo que al principio del retiro pensé que yo no era de hacer estas cosas, mas ahora mi pensar es distinto, y aunque parezca tonto, esto para mí va a ser toda una aventura.

Comienzo a saltar y no puedo evitar sonreír, me estoy divirtiendo. Mientras brinco como niño, veo pasar a Maritza y a Gracie quienes sonríen al verme. De pronto, como de esos momentos de película que ruedan en cámara lenta, mi cuerpo sigue saltando pero mi mente se detiene en el tiempo y comienzo a ver todo moverse más despacio. Miro hacia abajo y percibo que la distancia entre mis pies y la plataforma del trampolín crece con cada salto, mas estando en mi máxima altura siento serenidad, pues estoy convencido que siempre podré volver a tomar impulso. En ese momento, comprendo que así es la Fe, un salto al vacío; sabiendo que al caer siempre habrá alguien que me levante para luego llevarme más alto. Fe, la certeza de lo que se espera y la convicción de lo que no se ve.

Luego del trampolín me dispongo a darme un chapuzón en aquella cascada artificial ubicada en el patio trasero de la villa.

Cascada

Es una hermosa cascada que el señor Chang utiliza en ocasiones para darse masajes en la espalda, con los pequeños torrentes artificiales que construyeron para tal fin. Estando allí, gozando de una paz indescriptible, entras en acción, y sin hacerte esperar, me atrapaste.

Mientras observo las rocas de la cascada con detenimiento pienso:

—Esta villa tiene 33 años, y yo tengo 33 años —pero tú respondes al instante, como si estuvieras esperando.

Día 8

—Así es —y yo agregué:

— Será que... — y no te hiciste esperar para contestar:

— Sí mi amado Danny, la he construido para ti, he preparado nuestro encuentro desde el día que naciste —. Quedo mudo de pensamiento. Agregaste:

—Y no has tenido que colocar ni una sola roca. Verás, yo preparo los encuentros, con mi amor he moldeado cada grano de arena, cada hoja, cada bloque, todo lo he colocado de forma perfecta para ti. Sin tener que preocuparte por nada, yo he estado trabajando para que, en mi tiempo, me encontraras. Yo lo he hecho todo, entonces ¿Por qué te preocupas hijo mío? Aunque tú no puedas ver mis bendiciones, yo siempre estoy preparando maravillas para ti, siempre ando buscando sorprenderte y sacarte una sonrisa del rostro. ¿Qué acaso no lo harías tú con tu hijo? Pues cuánto más me gozo yo en regalarte sorpresas. Pero debes aprender a dejarte amar por mí, a confiar en que, aunque no puedas verlo, yo estoy allí, siempre preparando nuestro encuentro.

—Mi amado Señor, has construido este lugar, este hermoso y espléndido lugar solo para nuestro encuentro. Y yo no he puesto ni una roca. Te dedicaste a conservarlo, construirlo a mi medida, a crecer este magnífico jardín, a colocar cada piedra en su sitio desde que nací, preparando todo para este momento donde sanarías mi corazón y me enseñarías a escucharlo. Me has atrapado mi Señor. Ahora que lo pienso, todo lo has encajado en un lugar perfecto para este encuentro; el sendero por donde caminaba rezando el rosario, la capilla donde hice las contemplaciones, el balcón donde me acariciaste con tu brisa suave, la habitación con las dos águilas donde el ángel luchó por mí, el comedor con una sola silla donde me enseñaste de la soledad, la mesa donde me hablabas en las comidas, como cuando Jesús enseñaba a sus discípulos, los trozos de madera que alimentaron la fogata donde murieron las malas actitudes y nacieron las virtudes del alma, el trampolín donde despertó mi Fe, y esta fuente donde me revelas que preparaste este encuentro desde mi nacimiento. Todo mi Señor, absolutamente todo lo has hecho para mí. Estoy en suspenso, impresionado con

| Día 8 |

tus maravillas, absorto ante tantas sorpresas, desconcertado por la perfección de tus tiempos, estoy abrumado por tanto amor.

Hubo un silencio diferente, un silencio que Dios me brindó para disfrutar este momento de amor, uno que me trajo algo que nunca había podido experimentar en carne propia: contentamiento espiritual.

El contentamiento espiritual es un grado tal de satisfacción interna que no exige cambio alguno en las circunstancias externas, una profunda gratitud hacia el Padre solo por el hecho de ser amado de la forma en la que Él te ama. Es deleitarte en Dios solo por quién es Él para ti, aunque estés pasando por pruebas difíciles, la más sublime emoción provocada por el amor primero del Padre.

Estuve así por espacio de unos 15 minutos, gozando de mi serenidad y de mi armonía. Luego me dirigí a la habitación para cambiarme y alistar todo para mi partida. En la medida en que iba empacando, iba recordando con nostalgia los momentos vividos, desde ya los estaba extrañando. Sin embargo, caí en cuenta que podría revivirlos cada vez que quisiera, ya que la estructura del retiro que el Padre ha diseñado está descrita entre las líneas de estas cartas.

Como muestra de mi agradecimiento para Maritza y los demás, yo solía dejarles chocolatitos kisses de Hershey´s en los platos vacíos cuando terminaba mis comidas, y en las tazas del café que me servían en la mañana. Así que esta vez les dejé el resto de la bolsa de chocolates colocándolos en la cama en forma de un corazón, unas cruces bendecidas por el Papa Francisco que había traído de mi viaje a Roma, un rosario y una carta de agradecimiento. Termino de arreglar todo, lo coloco en el auto y me dirijo al comedor para compartir el último almuerzo.

Almuerzo. Día 8.

Ingreso al comedor ubicado dentro de la cocina, donde nunca había entrado, allí están Maritza y Gracie con una gran sonrisa en el rostro, una más que la otra.

| Día 8 |

Mientras todos comemos con mucha alegría, les voy contando mis vivencias en las contemplaciones y los ejercicios espirituales. Me comparten que, para ellos, mi silencio también fue toda una experiencia. Por ejemplo, el jardinero tenía muchas cosas pendientes por hacer. El día que se dispuso a cortar unas piezas de metal, al final decidió no hacerlo para respetar mi silencio, se enfocó en hacer otras tareas. Otro día decidió no cortar las ramas como lo había programado, para no hacer ruido y regalarme el silencio que necesitaba. Lo cierto es que, al final de la semana, había adelantado todas las tareas que tenía pendientes desde hace meses, solo le faltaba cortar las piezas de aluminio y las ramas. De igual manera le pasó a Gracie, la cocinera, quien me comentó que hace unas semanas atrás le habían encomendado la difícil tarea de expandir el menú que ofrecían a sus clientes. Ella estaba preocupada por su falta de creatividad. Sin embargo, como yo había pedido una dieta especial, la dieta cetónica, ella quería respetar mi silencio, no me preguntó lo que deseaba comer, fue así que se vio en la necesidad de poner a trabajar su imaginación, y creó platos nuevos que ahora forman parte del menú, deliciosos debo agregar. Igual le pasó a Maritza, quien hizo hasta lo imposible porque mi estadía fuera lo más placentera, logró solventar contratiempos incluso sin poder comunicarse conmigo, y así aprendió del silencio también. Este silencio no fue solo un regalo para mí, sino que fue una experiencia para todos los que me rodean.

Tomo un momento entre estas risas y alegrías que comparto con esta bella gente, tomándonos un café y contando nuestras historias, volteo mi rostro hacia la izquierda y observo que hay un letrero que dice: Alegría, justo lo que encontré en este lugar de encuentro, y lo más curioso es que lo vi en la única habitación que no visité en todo el retiro sino hasta el final, la cocina. Me doy cuenta que así son los propósitos de Dios, todos llevan a un lugar donde nunca has estado, llenos de personas que te aman y viviendo la alegría de su amor, la alegría de ser su hijo, la alegría de compartir, la alegría de vivir en sus tiempos, los tiempos del corazón.

| Día 8 |

A continuación Gracie me dice:

—Te vi en el trampolín y pensé: Se le salió el niño que lleva dentro —y le dice Maritza entre risas:

— !Así se entra al reino de los cielos!

De repente, como en un profundo momento de introspección divina comprendí, mi amado Señor, que a tu reino se entra como un niño, con una sonrisa sincera en el rostro, con una sonrisa de trampolín, se entra feliz.

Despedida

Me dirijo a la capilla para dar mi acción de gracias antes de partir.

Me encuentro allí sentado, de nuevo en silencio, solo y en quietud. Tú permaneces callado. Ya no te pregunto nada, solo te doy gracias. Estamos allí, Tú y yo, ambos en silencio, como contemplándonos mutuamente, yo sonriendo con una inmensa ternura en el rostro, mientras Tú me dejas sentir tu santa presencia. No decimos nada, solo somos. Así existimos, como en una especie de espejo ambivalente en el que Tú siempre reflejas la mejor parte. Y allí, en aquel silencio sagrado, con la máxima afluencia de emociones concentradas en mi corazón embriagado de tu amor avasallante, comprendo lo que significa ser tu imagen; es transformar cada fibra de mi ser y hacerme como tú, es transfigurar mi existencia en lo eterno, es tener tu visión en mis ojos, es poner tu canción en mis labios, es guardar tu corazón en mi pecho y hacerme partícipe de tu naturaleza, es amar.

Día 9

Luego de la capilla me dirigí a la casa de los esposos Chang para darles un último agradecimiento. El Señor Chang me recibe para despedirse de mí, la Señora Leida no se encontraba disponible.

—Espero verte pronto hijo mío.

—Seguro que sí. Estoy muy agradecido Sr. Chang por esta oportunidad que me ha brindado de poder encontrarme con Dios en esta hermosa villa de retiro que ustedes han construido durante estos 33 años.

—Con mucho gusto puedes regresar cuando quieras. Yo la construí con el propósito de que las personas pudieran encontrarse con Dios, y espero que a raíz de este retiro que has realizado puedas traer muchos jóvenes y cambiarles la vida, ese es mi sueño.

—Pues permítame decirle señor Chang que su sueño se ha hecho realidad, gracias a usted Dios me ha cambiado la vida, y yo soy su primer hijo espiritual.

Sus ojos se llenaron de un brillo peculiar acompañado de una ligera sonrisa, esa combinación perfecta en el rostro de un hombre que acaba de ver un sueño cumplido. No pude evitar darle un cálido abrazo, él se emocionó mucho, ambos lo hicimos.

Me despido de todos, arranco en mi auto y comienza mi travesía hacia la cotidianidad. Mañana volveré al silencio y estaré así durante 7 días más, trabajando en mis proyectos personales, ordenando mi vida, planificando mi futuro, escribiendo este libro, aprendiendo a escuchar mi corazón en el ruido del mundo, atreviéndome a ser diferente, pero primero debía hacer una parada especial.

| Día 9 |

Llego a su casa y me recibe el labrador que ella tiene como mascota. Jugueteo con él por primera vez en mucho tiempo, y él, con su sincera alegría, siente mi amor y mis caricias, su cola delata su gran entusiasmo. Ella sale a mi encuentro, y al ver la escena solo rompe a llorar, porque ha vuelto a verme sonreír como cuando era niño, y corremos a abrazarnos.

—Madre bella y hermosa, hoy he querido compartir con usted lo que mi Padre bueno ha hecho por mí.

—Hijo de mi corazón, estoy tan feliz por ti, tu sonrisa ha vuelto, tu rostro ha cambiado, te ves feliz.

Durante tres horas estuvimos conversando como dos amigos, nunca nos habíamos dado la oportunidad de platicar así antes, ella con un corazón de madre abierto a mis experiencias, yo con mi corazón de hijo libre y dispuesto a compartir con mi madre. Estaba impresionada de las vivencias que le iba contando, de las contemplaciones, de los ejercicios espirituales, y sobre todo de las batallas que me tocó librar. Pero lo que más llamó su atención fue lo que el Señor me reveló acerca del corazón del hombre. Fue impactante, hasta para mi madre, saber que Dios tiene leyes para el corazón, y que respetar esas leyes es la clave de la felicidad.

Ahora sí, ¿Por qué decidí escribir este capítulo, Día 9? Pues primero por obediencia. Escuché la voz del Señor que me dijo que escribiera en este capítulo todas las cosas que me ha enseñado en estos últimos seis meses luego de mi silencio. Disfrútalas tanto como yo, son un regalo de amor de tu Padre. Y segundo por amor, porque te amo, aunque no te conozca, mas sé que tienes un nombre, si tienes un nombre tienes un propósito, y está en tu corazón. Además, en la numerología bíblica, el número 9 representa la sabiduría y la búsqueda del bien para todos, tiene íntima relación con la evolución humana, pues también simboliza el fruto de un árbol que ha sido fértil, como los 9 elementos que componen el "fruto del Espíritu Santo" descrito en Gálatas 5:22-23; Amor, alegría, paz, comprensión de los demás, generosidad, bondad, fidelidad, mansedumbre y dominio de sí mismo. Disfruta este capítulo, porque lo escribí para ti mi amado lector.

Día 9

Luego de salir de casa de mi madre volví a mi silencio. Al día siguiente, comencé a trabajar en cambiar mis hábitos y asumir la responsabilidad de mi vida. Lo primero que hice fue ordenar mi cuarto. Me levanté temprano en la mañana, no dudé, mas sentí la característica pereza, pero de inmediato me coloqué de rodillas y oré a mi Padre. Al terminar medité la palabra y luego me dispuse a ordenar mi cuarto, iniciando por acomodar mi cama. Pasé el día entero colocando todo en orden, limpiando, tal como lo había visto en mi visión. Recuerdo que solo pensaba:

—Un hijo de Dios es ordenado —y lo repetía a cada rato como un mantra en mi cabeza. Entre tanto, escuchaba música de adoración y todo lo hacía por amor a Dios, con una gran ternura en mi corazón, agradecido por tener la oportunidad de poder ordenar mi vida. Al final del día quedé exhausto, mas complacido al ver que todo tenía un orden en mi cuarto. Cada cosa en su lugar, adopté la costumbre de volver a colocarla allí mismo luego de utilizarla. Meses después aún todo sigue ordenado y en su lugar, la organización y la limpieza son distintivos de los hijos de Dios.

Al día siguiente, ordené mi auto. Organicé todos los papeles que estaban dispersos en el vehículo, según su naturaleza. Compré un organizador de archivos y allí coloqué todos los documentos pertinentes al auto: el seguro, los mantenimientos, los papeles de registro, todo organizado. También, ordené y limpié la guantera, y el compartimiento que queda al lado de la caja de cambios, aquel lugar donde todos hemos perdido miles de cosas por el desorden. De igual forma, le di un lugar específico a cada artículo y documento, lo devolvía allí mismo luego de utilizarlo. Meses después mi auto aún está ordenado y organizado. He tenido que ubicar los documentos de registro en reiteradas ocasiones y ha sido sencillo buscar en el organizador de archivos.

Y así continuaron mis días, organicé mi vida, ordené mi existencia física, incrementando mis oraciones e incorporando momentos de silencio en mi rutina diaria. Actualicé el archivo de Excel donde tengo descrito mi presupuesto mensual con mis gastos y compromisos financieros detallados, ordené mis finanzas.

| Día 9 |

También tomé tiempo para planificar la estructura de las futuras conferencias que voy a comenzar a dictar. Muchas ideas venían a mi mente a cada rato, las iba anotando en la aplicación de notas de mi teléfono celular. Al mismo tiempo, aproveché para comenzar a escribir este libro, lo cual consumió la mayor parte del tiempo, más fue fluido porque todo estaba organizado.

Durante este tiempo no pronuncié palabra alguna, no obstante, la experiencia de mi silencio fue interesante para otras personas. De igual forma, yo no hablaba, solo podía escuchar música mas no cantaba, no tenía acceso a redes sociales, nada de tecnología, mas siempre dispuesto a compartir y vivir la vida desde el silencio de mi voz. Por tanto, para poder interactuar con las personas al vivir mi vida cotidiana, había escrito un mensaje en mi celular que decía: "Estoy haciendo un voto de silencio, no puedo hablar. Te escribiré un texto", y procedía a escribirle lo que les quería comunicar. Recuerdo a Giuseppe, el muchacho de Starbucks a quien le escribí que quería un capuchino con canela. Al leer el mensaje que hablaba del voto de silencio, se sorprendió de sobremanera, me dijo que yo era como un monje de esos que se encierran, pero que había salido a la ciudad, lo cual me causó mucha gracia, mas le pareció tan interesante que alguien de mi edad, vistiendo como un joven normal, hiciera un voto de silencio. Me comentó que le interesaría hacerlo. La misma reacción la obtuve de aquella mesera de un restaurante donde fui a cenar la última noche de esta segunda fase del retiro del silencio. Fue gracioso porque, a pesar de que ella sabía que yo no podía hablar, compartió unos minutos conmigo, explicándome que ella no podría hacer un retiro de silencio porque hablaba demasiado y no podía estar mucho tiempo sin hablar, lo cual comprobé. Reaccionó con gran sorpresa cuando contesté a su pregunta de ¿cuánto tiempo llevaba en silencio y cuánto me faltaba?, le hice señas con las manos de que el retiro duraba 15 días y ya llevaba 14 en silencio. Ella no lo podía creer.

Estas experiencias me hicieron ver que solo una mente disciplinada, un espíritu fortalecido y un corazón dispuesto pueden lograr este silencio que permite las comunicaciones del corazón.

Día 9

Y así fue que el silencio se convirtió en un guía por este tiempo que decidí abrazarlo. Durante siete días aprendí a escuchar, no solo mi corazón, sino también el corazón de los demás. Recuerdo que cuando una persona me conversaba, estando yo en silencio, se me hacía natural identificar lo que su corazón me quería comunicar, puesto que no tenía el ruido de mis pensamientos, o más bien, había aprendido a prestar atención y enfocarme, realmente enfocarme en lo que el otro me quería decir. Aprendí que la razón por la cual nos cuesta escuchar lo que el corazón del otro nos dice es porque, mientras el otro está hablando y tratando de comunicarnos lo que siente o piensa, nosotros estamos pensando en cómo responderle, en cómo aconsejarle o refutar su argumento, esto nos impide escuchar lo que el corazón del otro nos quiere decir en realidad. Durante este tiempo que no podía hablar, aprendí lo valioso de dedicar toda mi atención a escuchar, sin pensar al mismo tiempo, solo prestar una atención sincera a lo que el otro me quería decir, fue fructífero aprender a leer los corazones, comencé a comprender su lenguaje en la quietud de mis pensamientos. Sin embargo, al terminar el día 15 del retiro, sentí que el ruido quería volver con más volumen y fuerza. Adopté la disciplina de momentos de silencio para seguir creando conexiones nerviosas, esto me llevó a desarrollar una íntima relación con Dios-Padre, con Dios-Hijo, y con Dios-Espíritu Santo. De allí, la voz de Dios me habla y me sigue enseñando su sabiduría, y hoy, seis meses después de haber terminado el retiro, te comparto lo que el Padre me ha revelado durante este tiempo.

Como primer punto, antes de revelar los principios del corazón, tu Padre-Bueno quiere que sepas que, antes que nada, debes estar consciente de que Él es un Dios de procesos, pues es así que cambia la forma de pensar, que restaura el subconsciente y renueva tu corazón. Por consiguiente, no te desesperes, mas debes mantener la constancia y la disciplina de poner en práctica lo que aprendes de la palabra de Dios, eso demuestra más cuánto amas a Dios que cualquier otra cosa, entre más alto el grado de obediencia mayor el grado de amor. El accionar de Dios funciona distinto porque sus procesos construyen propósitos. Él puede realizar

| Día 9 |

cualquier cambio solo con abrir los labios, sin embargo, cuando Dios quiere construir un propósito, lo hace por medio de un proceso, siempre es un proceso difícil, pues es así que se forma tu carácter, porque Dios no te va a permitir vivir un propósito que tu carácter no pueda sostener, por tanto, debe formar primero tu carácter con las pruebas y luego entregarte tu propósito, es su ley. Piensa en Abraham, Moisés, Josué, Elías, cualquier otro profeta e incluso Jesús, ellos tuvieron que pasar por el desierto y así formar su carácter para luego vivir la plenitud de su propósito. Confía en tu proceso.

En segundo lugar, antes de compartir contigo los principios del corazón, el Padre-Bueno quiere que sepas que una vez Él te ha liberado de tus ataduras, deberás lidiar con las secuelas o marcas que quedaron en tu corazón y en tu mente al vivir tantos años encadenado a esa actitud, o a esa mentira en tu subconsciente. Piensa en alguien que ha estado encadenado por mucho tiempo y es liberado de las cadenas, igual le quedan las marcas de haber estado atado por tantos años. Es tu responsabilidad estar apercibido a identificar cuando el Espíritu Santo te vaya mostrando cuáles son esas secuelas, y una vez las manifieste, debes poner en práctica lo que has estudiado de la palabra para trabajar en corregir ese comportamiento o adoptar una nueva actitud, o mejor dicho, una virtud. Solo podrás reconocer lo que viene del Espíritu si tienes una relación íntima con él, pues es una persona, no una cosa ni un poder que emana de Dios, es como tú porque tiene intelecto (*1 Corintios 2:10*), tiene emociones (*Efesios 4:30*) y tiene voluntad (*1 Corintios 12:11*), que según los teólogos y científicos, estas son características únicas de una persona, entonces háblale como tal. Cultivar tu relación con el Espíritu Santo es la única manera de dejarte transformar por el amor de Dios. Del mismo modo, debes mantener la disciplina y la constancia en practicar la nueva virtud para que tu cerebro desarrolle las nuevas conexiones nerviosas, solo así sanarán las marcas que dejaron las cadenas. Así nace el nuevo tú, es un proceso.

| Día 9 |

Por ejemplo, luego de mi liberación en el día 7, el Espíritu Santo me mostró que hay grandes secuelas de la depresión. Son hábitos depresivos que se cultivan con la soberbia, y se alimentan con el orgullo, porque el orgullo te llena de tristezas, entre más orgullo, más tristezas, entre más soberbia, más grande el dolor. Ese es el alimento de la depresión, el ego. Si matas el ego, matas la depresión. Ahora, aún estoy formando nuevas conexiones y poniendo en práctica lo que enseña Jesús para combatir el ego y la depresión, lo dice en Mateo 11: 29: "Aprendan de mí que soy paciente y humilde de corazón, y sus almas encontrarán descanso."

La humildad forma las conexiones del amor incondicional, por esto dice San Gregorio que es la madre de todas las virtudes. El carácter del amor incondicional de Jesús siempre estuvo marcado por la humildad, eso lo elevó por sobre todo hombre. Es por esto que en mi compromiso por cultivar la humildad, he aumentado mi oración a fin de disponer mi espíritu a la obediencia, la disciplina y la determinación. He aprendido a aceptar ofensas, a ceder en discusiones, a callarme cuando creo tener la razón, y en su lugar, me dedico a escuchar el corazón de la otra persona. Así como el conocimiento se cultiva estudiando, la humildad se cultiva aceptando humillaciones. Esta no es la lógica del mundo, lo sé, pero es la ley de Dios para enaltecer tu corazón.

El resultado ha sido un corazón emancipado ya del ego, porque al poner esto en práctica descubrí que solo aquel que sabe *quién es* se puede humillar. Dice la Madre Teresa que: "Si eres humilde nada te tocará, ni los elogios ni las vergüenzas, porque sabes lo que eres. Si te culpan, no te desanimarás. Si te llaman santo no te pondrás en un pedestal."

La mayor enseñanza de humildad la vemos en Juan 13:1-16, donde se narra cuando Jesús lava los pies a sus discípulos. En esa época, las personas caminaban utilizando sandalias abiertas, no existía el calzado cerrado como lo utilizamos hoy. Por tanto, al recorrer largas distancias sus pies se llenaban de polvo. En aquel tiempo, tampoco existían las sillas como las tenemos hoy en día, sino que ellos se recostaban en una especie de almohadones, por consiguiente, al recostarse en torno a la mesa, sus pies quedaban cerca del rostro de la persona que tenían al lado. Era visto como una cortesía el lavarse los pies antes de sentarse a comer. Sin embargo, en las casas pudientes o de gente adinerada se tenía un gesto amable para los comensales, se le asignaba la tarea de lavar los pies al criado de menor rango, porque era visto como una acción humillante. Por esto, cuando Jesús se ciñe la toalla y comienza a lavar los pies, Pedro se escandaliza y le dice que no se los lavará. Sin embargo, Jesús nunca dejó de ser el Mesías por convertirse en el criado de menor valor con ese gesto, que más bien promovía la unidad de sus discípulos al mostrarles que el servicio es la única forma de mantenernos unidos como hermanos. Él sabía quién era. Esa es la humildad que engrandece (Mateo 23:12).

Principios del Corazón. Día 9.

1. **El Reino de Dios está en tu corazón.**

Este es el principio que rige todos los demás principios, por esto va de primero.

El único anhelo de Dios es que seas feliz. Por eso él se ha enfocado en enseñar al hombre a amarle de corazón, porque el corazón es el lugar donde a Él le gusta habitar. Es allí donde Dios ha colocado tus anhelos, lo que te hace feliz, y todo lo que te hace feliz viene de Dios. En tu corazón hay un trono, depende de quién coloques en ese trono este gobernará tu vida. Colocas en el trono de tu corazón a alguien o a algo, se evidencia quién es porque es a lo que le dedicas la mayor parte del tiempo, a lo que dedicas la mayor cantidad de recursos y a lo que pones más esfuerzo. Pero solo cuando colocas a Dios en el trono es que logras ser feliz, pues la medida de tu felicidad solo la puede llenar quien creó tu corazón. Tu corazón es tu templo, tu lugar más sagrado, donde guardas toda tu intimidad. Por eso Dios, en su infinita sabiduría, te pide

Día 9

guardarlo por sobre todas las cosas guardadas, pues es allí donde nace y se desarrolla el verdadero yo. Tu corazón es lo más sagrado para Dios, tanto que hizo del corazón de su hijo amado Jesucristo el nuevo templo de Israel. Verás, del corazón de Jesús manó agua y sangre de su costado al ser traspasado en la cruz. De igual forma, podemos hacer la correlación con el templo de Jerusalén, donde el agua era utilizada para la purificación, y la sangre del cordero servía para la expiación de los pecados del pueblo. Del mismo modo, el velo que se rasgó en el templo de Jerusalén cuando Jesús murió, era una especie de cortina gruesa que cubría el *Lugar Santísimo*, la zona más sagrada del templo donde habitaba la santidad de Dios, es decir, que aquel enorme y pesado velo era lo que separaba al hombre de tener acceso a la presencia de Dios. En la tradición judía, el único que podía traspasar el velo y tener acceso al *Lugar Santísimo* era el sumo sacerdote, quien entraba para realizar el sacrificio del cordero inmolado para la expiación de los pecados una vez al año. Sin embargo, ningún otro hombre tenía permitido entrar. Este velo tenía una altura de 20 metros, 10 metros de ancho y un grosor aproximado de 10 centímetros. Me resulta fascinante conocer que la medida promedio para el ancho del corazón de un hombre de 33 años, es de 10 centímetros. Al entregarse en la cruz, el corazón de Jesús se convierte en el velo que te da libre acceso a la presencia del Padre en todo momento, porque siempre permanecerá abierto para ti, y así mismo, para toda la humanidad. Es decir, gracias al sacrificio de Jesús en la cruz puedes gozar de la presencia de Dios, y esto es a través del Espíritu Santo. De igual forma, tu corazón es el lugar donde Dios quiere habitar, por esto él desea que le ofrezcas ese trono libremente, dejarlo entrar y comenzar a ordenar tu corazón, para hacerte feliz.

En el mismo sentido, debemos tener claro que el reino de Dios se conquista, como sale en Mateo 11:12, igual el corazón. Pero es una batalla que ha de ser librada en la mente, la única capaz de alejarnos de nuestra verdadera felicidad, pues es allí el lugar donde el enemigo siembra la duda, la incertidumbre, el miedo y las mentiras que te van a alejar de tus anhelos. Debes luchar, sabiendo que no estás solo, Cristo va contigo, y si es así, la batalla la tendrás ganada, solo mantente firme en el estudio y la puesta en práctica de su palabra, permanece en su amor, abraza sus mandamientos con constancia, ora con la correcta intención, y verás como él transforma la duda en Fe, el miedo en valentía, la incertidumbre en certeza, y develará toda mentira con su verdad, esta es la que te dará la libertad anhelada.

2. **El corazón dicta, la mente ejecuta.**

Proverbios 4, 23 dice: "Pero sobre todas las cosas guardadas, guarda tu corazón, porque de él mana la vida". Y también Jesús dice: Donde está tu tesoro allí estará tu corazón. Por tanto, el corazón va primero que la mente, porque es más importante. Ya vimos en el día 4 que el corazón es el primer órgano que se forma, porque es más importante que el cerebro. Ahora bien, no pretendo restar importancia a la mente, más bien quiero resaltar la importancia del corazón, porque la sociedad enseña algo distinto a lo que Dios quiere.

Dentro de esta interrelación entre el corazón y la mente, el Padre me ha mostrado que existe un indicador de cómo está nuestro corazón: la intención. Es decir, la intención con la que haces algo es lo que define lo que hay en tu corazón. Me di cuenta que la mente puede hacerte creer que estás haciendo algo para un bien, o por una razón justa, sin embargo, al tomarme el tiempo de pensar la verdadera intención de mis acciones, me daba cuenta que en verdad lo que pretendía mi corazón era distinto a lo que yo pensaba. Así, fui aprendiendo a identificar los verdaderos deseos de mi corazón, y me he dedicado a buscar la correcta intención en mis acciones para que sean siempre sinceras y desde el corazón, es vital para la comunicación mente-corazón.

Por ejemplo, un día conversando con mi hermano, me pidió un consejo con respecto a su empresa. Tenía que llamar la atención a un colaborador, me comentó que había enviado un correo, el cual no leí, pero sí le pregunté lo que decía. En ese momento le di varios consejos, pretendiendo hacerle ver que había formas más efectivas de hablar con las personas. Sin embargo, al analizar la intención de mi acción, el Espíritu Santo me mostró que yo solo estaba

Día 9

buscando demostrarle que él estaba equivocado. Al identificarlo, cambié mi intención a querer apoyar a mi hermano. Luego bajé la guardia, cambié mi argumento a explicarle cómo a mí me habían servido otras formas de hacerlo, él estuvo más abierto a escuchar de mi experiencia más allá de mis críticas.

Es así como, con cada acto, debes comenzar a analizar la verdadera intención de tu corazón hasta que domines esa sinergia. Así escucharás lo que tu corazón te quiere decir, podrás entonces redirigir tus pensamientos y acciones hacia la realización de tus anhelos. En la medida que te vayas analizando, te sorprenderás de cómo irás percibiendo que tus intenciones en acciones pasadas no eran lo que pensabas, por eso, terminabas lastimando a alguien o recibiendo tú una herida. Del mismo modo, es así como logras comunicarte con el corazón de la otra persona, pues una vez hayas identificado su verdadera intención, podrás redirigir tus pensamientos hacia lograr la comunicación de corazón a corazón. Esto aplica tanto para las buenas intenciones como para las malas intenciones.

Por otro lado, recuerdo que dictando una conferencia acerca de la felicidad, una señora me preguntó que cómo era esto posible, si la Biblia dice que el corazón es engañoso. Si bien es cierto que el profeta Jeremías en el capítulo 17: 9-11 habla de que el corazón es engañoso, él hace referencia al corazón rebelde del pueblo de Israel en ese momento, y más bien describe la única queja de Dios en toda la Biblia, el corazón necio. Sin embargo, si leemos todo el capítulo, nos daremos cuenta de que Dios hace alusión de que él es el único que puede escudriñar el corazón, y juzgarlo. Más adelante en su palabra, el Padre nos habla en el libro del profeta Ezequiel que él le quiere dar un corazón renovado a su pueblo (Ezequiel 36:26), porque anhela que seamos felices, pues como dice el Salmo 37: "Deléitate en el Señor y el cumplirá los anhelos de tu corazón."

Es por este motivo que debemos conocer a profundidad lo que anhela nuestro corazón, trabajar en tener la correcta intención, alinear nuestros pensamientos con ella, así nuestros actos siempre irán dirigidos a construir nuestra propia felicidad.

3. La verdad es la única caricia que duele.

Es cierto, la verdad duele, y duele mucho. Sin embargo, es la caricia más sincera para un corazón devastado, pues siempre nos lleva a la libertad de las cadenas. Es por esto que Jesús dice que él es la verdad, porque él conoce el verdadero dolor de un corazón esclavizado. Por eso sanaba a los más débiles y pecadores, a los que la sociedad juzgaba y apartaba, principalmente porque su corazón estaba abatido, destrozado por tantos años de dolor y sufrimiento. Por esto curaba, en su mayoría, a personas que tenían varios años con el padecimiento, era como si acariciara el corazón con su verdad, así restauraba la dignidad de la persona, haciéndole ver su valor ante los ojos del Padre. Jesús era un experto hablando el lenguaje del corazón, porque él tocaba a las personas con amor verdadero, y así los transformaba.

Tú debes hacer lo mismo y vivir en la verdad, hablar con la verdad, actuar con la verdad, amar con la verdad. Es la forma más sincera de cuidar tu corazón y el corazón del otro, porque aunque duela, siempre será libertad.

4. La música despierta emociones que hacen vibrar el corazón.

Recuerdo que en una de las misas a las que asistí estaba presto a la música. En ese momento el Padre me habló y me dijo:

—Yo alimento tu corazón con la música. Mas mi hijo caído te propone otro tipo de música que crea confusión en tu mente para que así dirijas tus pensamientos a algo que no te hace feliz. Ahora bien, imagínate que nutres tu mente con música que armonice con lo que hay en tu corazón, así lograrás que tus pensamientos logren enfocarse en tus anhelos. La palabra alimenta el corazón, pero la palabra cantada lo atrapa, lo enamora y lo lleva a otra dimensión. Por eso la música es tan influyente, ese es el poder de la música. Y si alineas tus pensamientos con lo que anhela tu corazón, se convierte en un instrumento para ser feliz, para atrapar corazones.

| Día 9 |

Y mientras continuaba la celebración me dijiste:

— ¿Ahora comprendes que cantar es más significativo entonces? Por eso ahora que no has hablado tu voz se transforma, se convierte en instrumento para conquistar corazones, tu canto y tu palabra son para servirme.

Medité tus palabras por varios minutos, caí en cuenta que cuando canto y toco la guitarra siento que toda mi existencia se transforma, es como si todos los problemas, las dudas, el miedo y la incertidumbre se fueran de mi mente y se sentaran en el público a escucharme. Cuando hago música para ti, es como si todo mi ser encontrase su sentido en cada acorde, es donde logro perdonar de forma sincera, donde encuentro la máxima intimidad contigo, donde desahogo la nostalgia, donde crece mi amor y se desarrolla mi inspiración, es donde mi corazón habla por fin, pasan las horas y yo ni me doy cuenta, porque es allí donde en realidad siento que soy, que existo, haciendo música para ti.

5. No obedeces para amar, sino que amas obedeciendo.

Jesús es muy claro cuando dice en Juan 14, versículo 15: "Si me aman, guardarán mis mandamientos", luego afirma en el versículo 21: "El que guarda mis mandamientos después de recibirlos, ese es el que me ama. El que me ama a mí será amado por mi Padre, y yo también lo amaré y me manifestaré a él". Luego en el 23, Jesús dice: "Si alguien me ama, guardará mis palabras, y mi Padre lo amará. Entonces vendremos a él para poner nuestra morada en él. El que no me ama, no guarda mis palabras".

La obediencia no nos lleva al amor, sino que el amor nos lleva a obedecer a Jesús. Si Jesús dice que ames a quien te hace daño, no te obligas a amarlo por obediencia, sino que lo amas con un amor sincero porque amas a Jesús, y así obedeces. Primero es amar a Jesús, ese amor se demuestra en la obediencia a sus mandamientos. Y amar así a Jesús, siendo obediente, es de igual manera amar al Padre. Los mandatos de Jesús se resumen en dos: amar a Dios sobre todas las cosas y al prójimo como a ti mismo. Él incluso los simplifica al pedirnos que amemos como él nos amó. Y sé que podrás pensar: "Es imposible amar como él". Puedo afirmar con toda certeza y convicción que sí es posible amar como Jesús amó, con amor incondicional. Esto es liberarnos de nuestros prejuicios, despojarnos de nuestros criterios y adoptar los criterios de Cristo, quien amaba como un pastor ama a sus ovejas. Jesús nos enseña que él es como el pastor que deja a las 99 ovejas para ir en busca de la oveja perdida. En aquellos tiempos, la razón por la cual una oveja pudiese apartarse del redil era por rebelde, por distraída o por pretender escuchar otra voz, y principalmente, al extraviarse, quedaba atascada en algún arbusto o en un lodazal del cual no podía salir. Al estar atascada se llenaba de temor y se orinaba encima, muchas veces defecaba allí mismo al sentir miedo. Sin embargo, el buen Pastor iba en busca de su oveja perdida, y al encontrarla, se llenaba de alegría, se la echaba al hombro y le traía de vuelta al redil. Era tanta la felicidad del pastor, que no le importaba quedar impregnado del olor a fango, orina y excremento, de oveja sucia, con tal de rescatarla. Cuando me enseñó esto, Dios me preguntó:

—¿A qué hueles tú Danny Absalón?

— A Bleu de Channel —contesté. Mas tú respondiste:

— ¿Sabes a qué olía mi hijo amado? A prostituta, a cobrador de impuesto, a leproso, olía a pecador, porque se ensuciaba las manos para sanar los corazones afligidos. No era sucio él, más estaba dispuesto a embarrarse primero él para luego limpiar los corazones con su amor.

¿A qué hueles tú? Cuando juzgas a alguien homosexual y lo apartas, en vez de incluirlo y tratarlo con dignidad, cuando excluyes a quien tu juicio te dice que anda en malos pasos, en vez de dedicar algo de tu tiempo en rescatarlo, cuando quitas tu mirada de la miseria de quien crees que lo merece por sus malas decisiones, en vez de servir de guía para mostrarle que hay un camino que lo hace feliz, cuando encuentras a alguien amargado y prefieres apartarte y criticarlo a sus espaldas, en vez de tratar de consolarlo en su situación, cuando presencias una injusticia y callas, o más bien sacas tu teléfono móvil para grabar el acontecimiento, en vez de defender al más débil y socorrer al necesitado, cuando tu pareja te cuenta sus problemas esperando consuelo, pero tú corres a decirle lo que está haciendo mal, en vez de solo escucharla para hacerle sentir amada y apreciada, cuando decides abandonar a aquel familiar que está enviciado y da mala vida a la familia, en vez de ayudarle y estar allí para él como buen consejero, no patrocinando su vicio, sino haciéndole sentir que tiene una familia que lo ama, cuando niegas la limosna a quien te pide en la calle con la excusa de no querer financiar su vicio, en vez de tomar la iniciativa de conversar con él, compartir una comida juntos, escuchar su historia y restablecer la dignidad de su corazón con tu compasión, haciéndole sentir que vale, que aún es humano, ¿a qué hueles? Siempre pregúntate: ¿Qué haría Jesús? Y para conocer esta respuesta debes adentrarte en su persona y conocerle, leer su mensaje, abrazar sus mandamientos, desarrollar la disciplina de escudriñar sus enseñanzas, hablarle al Espíritu Santo para que te guíe y te comunique la voluntad del Padre. Debes esforzarte por permanecer y ser perseverante en crecer cada día en el amor. Es humanamente difícil amar como Jesús, pero he allí lo hermoso del amor incondicional, que nunca llegarás a su plenitud en esta vida, por eso siempre seguirá creciendo hasta que llegues a la eternidad, donde el amor del Padre te abrazará en su plenitud por el resto de tu existencia.

Si Jesús nos manda a amar así, entonces ¿Por qué desobedecemos? Es indiscutible que es muy difícil amar así, sin condición, incluso se puede pensar que va en contra de nuestra naturaleza humana. Sin embargo, es nuestra naturaleza divina compartida con Cristo, como lo afirma la palabra en la 2da carta de Pedro 1:3. Y esta naturaleza divina yace en nuestro espíritu, porque Jesús enseña que "Dios es espíritu" en Juan 4, 24. Y luego, el apóstol Juan, nos enseña que "Dios es amor" en la 1ra carta de Juan capítulo 4, versículo 8, por tanto, nuestra naturaleza divina es el espíritu de amor incondicional, es amar como Jesús.

El amor nos lleva a la obediencia, y la obediencia solo se alcanza cuando maduramos en espíritu, a esto la palabra llama "nacer de nuevo", porque al nacer vemos la luz, pasamos de la oscuridad a la luz, por eso se le conoce como "alumbramiento". Del mismo modo, solo la luz del amor de Cristo te permite nacer de nuevo en el amor verdadero, es allí donde ves todo lo esencial, todo lo imperecedero, todo lo que es de Dios. Mantenerte allí es tu deber y responsabilidad, por eso Jesús nos pide permanecer en su amor en Juan 15:9. Tu obediencia es directamente proporcional al amor que tienes hacia Dios. Obedece, no para amar, sino porque ya amas.

6. La impureza sexual destruye la dignidad de tu corazón

Cuando Dios me reveló esto, me dejó saber que la pornografía y las relaciones sexuales desordenadas laceran la dignidad del corazón. Esto es porque degeneran algo tan sagrado para Dios como lo es la sexualidad, a algo meramente físico y lascivo. La pornografía no le hace algo al hombre que la ve, sino que lo transforma en un tipo de hombre, el cual contamina su corazón con deseos lujuriosos orientados a utilizar a la mujer como un objeto de placer. No hay nada que te aleje más de los deseos del corazón que un vicio, y este es uno de los peores. Entre más se consume, se desarrollan conexiones nerviosas que te llevan a tener un comportamiento lujurioso, a pensar en satisfacer tu cuerpo a cada rato, te atrapa, te domina y te esclaviza, te roba el sueño, te roba tiempo para Dios, para tus propósitos, y te convierte en un esclavo consumista, en un adicto que siempre busca una experiencia mayor, porque tu cerebro se acostumbra, luego necesitas ver algo más fuerte, todo esto se va grabando en tu subconsciente y allí te va convirtiendo en su esclavo.

Del mismo modo, las relaciones sexuales desordenadas te alejan de cultivar el amor verdadero. Verás, en la cultura hebrea, el acto sexual estaba reservado para el matrimonio, allí se sellaba el pacto de sangre entre los esposos, porque, al llegar virgen a la noche nupcial, la mujer sangraba. Este pacto era sagrado y tenía la bendición de Dios, por esta razón el adulterio era condenado, porque era romper con el pacto de sangre que habías hecho para concebir otro. Esto es igual hoy en día, el tener relaciones sexuales

| Día 9 |

desordenadas, la fornicación por satisfacer tu apetito sexual, y el adulterio, son prácticas que destruyen la dignidad del corazón. Verás, con el sexo se sella un pacto corporal, un pacto de sangre, un pacto emocional, mental y espiritual, pero al hacerlo con desorden, solo por satisfacer tu deseo carnal, entonces vas creando vínculos emocionales y espirituales con esas personas, comprometiendo la dignidad de tu corazón, así el acto sexual se convierte en vana idolatría del cuerpo, eso es esclavitud.

Todos anhelamos ser amados, está intrínseco en el corazón del hombre la necesidad de conectar con otra persona. Es por esto que, durante la creación del mundo, Dios dijo que lo único que no era bueno es que Adán estuviera solo. Por esto decidió formar una compañera para él, una ayuda idónea que lo acompañara en su misión de gobernar el mundo. De allí que todos nacemos con la necesidad arraigada de conectar con alguien. Sin embargo, en el ínterin de la vida y de las experiencias que vivimos, perdemos de vista la importancia de esto, y por ignorancia de esta vital sabiduría entregamos nuestra sexualidad a varias personas, siempre tratando de llenar ese vacío y de conectar. Sin embargo, eso solo nos lleva a más confusión y herir a otros, o salir nosotros lastimados. Es por esto que primero debemos conocernos a nosotros mismos, y comenzar a cultivar un amor por la persona que va a ser nuestra compañera de vida, debemos hacerlo incluso antes de conocerla. Imagina que el amor es como una semilla. No es lo mismo entregarle una semilla a entregar un arbolito que has ido cultivando, preparando y podando para regalar algo más significativo.

Para esto el Padre te regala la soledad, como me reveló en el día seis de este retiro. Porque es en la soledad donde te conoces, donde corriges tus malos hábitos, donde sanas tu corazón herido, donde descubres tu verdad, donde se te muestra tu propósito. Es en la soledad donde creces en intimidad con Dios, donde aprendes a ser humilde, donde demuestras que Dios es suficiente para ser feliz, es allí cuando haces a Dios el primero en tu corazón. La soledad es un gesto de amor para ti y también para el otro, porque

| Día 9 |

te estás preparando para él o ella. Este es el amor real, aquel que es capaz de comenzar a amar incluso antes del encuentro.

Es difícil de entender, lo sé, pero Dios me dio la oportunidad de adentrar más en esta sabiduría al escribir el libro "Passaggio". Es una historia de la vida real donde relato cómo aprendí a encontrar ese amor verdadero, a cultivarlo, y a madurar en él, para que cuando llegue el encuentro, pueda entregarle un amor maduro a mi pareja. Esa entrega incondicional, ese guardarse para ella antes del encuentro, es el gesto excelso del amor incondicional.

Te podrás estar preguntando: ¿Qué pasa si ya me he entregado a varias personas? Pues si le entregas eso a Cristo, él lo convertirá en algo hermoso, él hace nuevas todas las cosas. Él te dará una nueva virginidad y reestablecerá la dignidad de tu corazón.

Recuerdo que durante una sesión con mi guía espiritual le hice esa pregunta. Él contestó:

—La disciplina en el *"eros"* te lleva al amor *"Agape"*.

Hay cuatro tipos de amor según los griegos. El amor *"eros"*, que es el amor carnal, sexual y pasional. El amor *"storgé"*, que es el amor fraternal, comprometido, que implica una relación filial. El amor *"philia"*, que es el amor al prójimo, solidario, de hermandad, que busca el bien común. Y el amor *"Agape"*, que es el amor incondicional, la forma más pura de amor, sin condición alguna, una entrega total y desinteresada, el amor con el que Dios nos ama.

Lo que quiso decir mi guía espiritual es que la forma de cultivar el amor incondicional es llevando una disciplina en el amor erótico. Eso sí es amar de verdad, porque es más significativo adoptar el firme compromiso de guardarte hasta el matrimonio, para poder entregar algo sumamente valioso en la noche de bodas, así sellarás el pacto para toda la vida. Porque lo que entregas esa noche no solo es tu sexualidad, sino también el carácter que desarrollaste al aguantarte las ganas cuando tenías deseo sexual, llevas a la cama la fidelidad que cultivaste porque la guardaste a pesar de todo, llevas a las nupcias el autodominio, el control de tus pasiones que demuestran que eres libre, ya que no te dejas controlar por tus emociones sino que eliges siempre por tu pareja, llevas tu esencia, tu ser, llevas amor incondicional.

La disciplina en el *"eros"* desarrolla el carácter para permanecer en el amor *"Agape"*, esto es lo que todos soñamos, conectar.

7. Las emociones son el indicador de la relación Mente-Corazón.

Una persona no es sentimental por su corazón, sino por su mente. Las emociones son la resultante de tu forma de pensar. Es decir, sientes según cómo piensas. Esto es importante tenerlo claro, pues solemos desconocer esta verdad.

En la misma línea, recuerda que no somos lo que sentimos, ni somos lo que pensamos, somos lo que creemos que somos, porque todo comienza con el sistema de creencias y valores que tengamos. Por lo tanto, si crees que no eres digno de amor, pensarás que esa es tu verdad, tus emociones serán de tristeza, y como resultado mendigarás amor. Tus creencias son las que definen todo lo demás, esto es porque están asentadas en tu mente subconsciente, y así afectan directamente a tu corazón.

De este modo, si quieres saber el estado de tu corazón, analiza tus emociones. ¿Cómo te sientes? Una vez identifiques cómo te sientes ante cualquier situación, sobre todo las que más te cuestan, verifica por qué te sientes así, de dónde viene esa emoción. Hay un porqué, y esa es la raíz que te ha llevado a formar una creencia que se ha alojado en tu subconsciente.

Verás, cuando el espíritu de depresión entró en mí a los 3 años de edad, yo creí que no era digno de amor, y esa verdad se alojó en mi subconsciente. Mi forma de pensar estuvo dominada e influenciada por esa creencia, mis emociones, en su mayoría, fueron reflejo de esa forma de pensar, por ende, mis acciones reflejaban tristeza, inseguridad, baja autoestima, desesperación, y mendigaba amor. El vivir tantos años así me cegó por completo, y eso me llevó a ser esclavo. Porque, al tener esa verdad latente en mi subconsciente, mis emociones, que estaban a flor de piel, siempre me gobernaban, por tanto, tomaba mis decisiones basadas en mis emociones. Eso es esclavitud.

El Padre-bueno me mostró que yo era esclavo de mis emociones, allí comprendí por qué ante situaciones difíciles, o que no podía controlar, yo actuaba con desesperación, con nostalgia, tristeza e inseguridad, y sobre todo con miedo. Siendo así, mis decisiones y acciones eran basadas en cómo me sentía. Comprendí que esto no es saludable para el reino de Dios, porque las emociones son momentáneas, están allí solo para indicarnos lo que acontece en nuestro corazón. Si nos dejamos gobernar por ellas, ¿dónde queda la libertad de elegir? Por ejemplo, si sientes alegría al ver a alguien triunfar, pues quiere decir que en tu corazón tienes un deseo bonito por el bienestar de esa persona. En cambio, si sientes envidia o celos, quiere decir que en tu corazón hay algo turbio que te esclaviza. Verás, en este ejemplo, la realidad es la misma y no cambia, la persona ha triunfado. Pero el cómo te sientes por eso, alegría o envidia, depende de lo que hay en tu corazón. Por esto las emociones nos indican el estado de nuestro corazón.

Cuando aprendí acerca de mis emociones, comencé a identificarlas y tratar de entenderlas, así fui logrando comprender lo que había en mi corazón. Por ejemplo, un día estaba sentado en la oficina y mi asistente me conversaba acerca de sus planes personales, yo me incomodé, estaba concentrado realizando un reporte, sin embargo, controlé mi emoción y reaccioné con serenidad. Decidí escucharla con atención, y la incomodidad se me fue pasando. Pero ¿qué había en mi corazón? Pues compartí esto con mi guía espiritual, quien me hizo ver lo que en realidad había en mi corazón, me dijo:

—¿Qué es más importante: el reporte o rescatar un alma para Cristo?

Su pregunta me dejó frío, porque al instante comprendí de dónde venía esa emoción, comprendí lo que había en mi corazón que me llevó a sentirme así: egoísmo. Mi guía prosiguió:

| Día 9 |

—Está bien que hayas controlado la emoción, pero ¿Por qué la sentiste? Es la verdadera interrogante —. Esto me hizo pensar que si en mi corazón hubiese estado el amor al prójimo, que sería disponerme con buena intención a escucharla, no hubiese sentido incomodidad, que viene del amor propio, que sería querer avanzar en el reporte porque quiero quedar bien con el trabajo que realizo.

Ahora bien, mi guía me enseñó que también hay que tener un balance, ya que si ella continúa con este comportamiento entonces sí me va a perjudicar en mi trabajo, es allí donde, con la dulzura de un hijo de Dios, uno se dispone a corregir con amor. Pero aun así, no sentiría más que amor y caridad por ella, nunca enojo o incomodidad. Es difícil, lo sé, pero todo aquello que vale la pena lo es. Eso es aprender a hablar desde el corazón para el corazón.

Comencé a cultivar el hábito de revisar mis emociones e identificar de dónde venían, así logré corregir mis intenciones y hacer que fuesen acorde a lo que anhela mi corazón. En este caso en particular, cambié mi creencia de "tengo que hacer un buen reporte porque soy profesional" a "siempre es más importante rescatar un alma para el Reino de Dios". Ninguna de las dos es mala, pero solo una tiene implicancia de eternidad.

Al cambiar mi sistema de creencias comenzaron a cambiar mis pensamientos, y por tanto, mis emociones. Ahora me siento alegre cuando me interrumpen porque sé que es una oportunidad, y si en verdad necesito concentrarme, les digo que me den un tiempo para terminar, al finalizar entonces les dedico toda mi atención. Esto ha creado cierta disciplina que me ha llevado a aprender a controlar mis emociones. Es decir, no decido lo que quiero sentir, pues los sentimientos son espontáneos, pero sí decido lo que creo, eso me hace pensar de cierta forma que despierta sentimientos sinceros y positivos hacia la otra persona. Así, cuando conduzco y se me atraviesa un taxista que maneja de forma desordenada, ya no me enojo como antes, sino que sonrío porque sé que es la forma en que mi Padre me permite "ejercitar la paciencia, y la paciencia me hace madurar, la madurez aviva mi esperanza, la misma que permite que el Espíritu Santo derrame el amor de Dios en mi corazón", como dice Romanos 5, 1-8. Entonces, el taxista se convierte en una bendición.

Lo que necesitas para lograr esto no es una mente fuerte sino un corazón fuerte, el cual se fortalece con las pruebas y las tribulaciones. Así se desarrolla tu carácter. Solo así tendrás el coraje para cambiar tu sistema de creencias, porque no es fácil hacerlo, pues las creencias las desarrollas por tus experiencias pasadas, requiere mucho valor reconocer primero que te has equivocado en alguno de tus criterios de vida, luego identificar la creencia que te hace esclavo, perdonar, dejar ir, después luchar contra los hábitos y actitudes resultantes de esa creencia, y enseguida adoptar una nueva creencia que sea acorde al mensaje que enseña Jesús, el amor. Que tu nueva creencia tenga como raíz el amor incondicional, solo así pensarás con amor, sentirás con amor, y tus acciones darán frutos en el amor. Y serás feliz, inmensamente feliz.

Una vez decidas tu nueva creencia, necesitas una mente disciplinada para estar orientada a los anhelos de tu corazón. Así tu mente evocará emociones que vayan acorde a tus deseos, esas emociones te llevarán a actuar conforme a tus anhelos, tus actos se van a convertir en hábitos, tus hábitos van a ir moldeando tu carácter, y tu carácter se convierte en tu destino. Entonces, si el corazón te rige, tu destino será el que todo ser humano anhela: la felicidad.

8. El dolor es un regalo no comprendido.

Lo sé, tal vez este argumento esté entre las ideas más chifladas que has leído en lo que va del libro, permíteme desarrollar este principio.

Verás, todos pasamos por las tribulaciones del corazón, tarde o temprano nos toca llorar, nos toca sufrir por un corazón roto, por un fracaso personal, una traición, o varias, la muerte de un ser amado, o por cualquier otro motivo, es inevitable. Siendo así, el dolor es parte integral de nuestra existencia, es natural vivirlo.

Cuando meditaba esta idea, vinieron a mi memoria innumerables recuerdos de momentos difíciles por los que tuve

Día 9

que pasar y que me habían causado gran dolor, como todos tenemos. Entonces me pregunté:

—¿Para qué permites que sufra? —al instante el Padre me respondió:

—El dolor es un regalo incomprendido.

En su momento no comprendí bien la idea, sin embargo, el Espíritu me fue revelando poco a poco lo que esto significaba.

Verás, si bien Dios no es el causante de tu sufrimiento, sí lo permite porque te ama, no hay otra explicación. Todo dolor es una oportunidad para que regreses al Padre con un corazón contrito y humilde. Y como dice el salmo 34, versículo 19: "Dios está cerca de los que tienen el corazón roto". Si Dios permite el dolor en tu vida, es porque es allí donde puedes buscarlo con un corazón realmente sincero, entre más profunda la herida, más hondo puede calar el amor de Dios en tu corazón. Cuando tienes el espíritu quebrantado, el corazón contrito y humillado, Dios te acoge entre sus brazos y te llena con su amor. Es su máxima oportunidad de demostrarte su amor, y su consuelo tiene la mayor recompensa para tu sufrimiento: resiliencia.

La resiliencia es la capacidad del ser humano para resistir y sobreponerse a las adversidades de la vida, donde no solo las soporta, sino que las enfrenta, las supera, donde se fortalece y obtiene una enseñanza de vida. Esta es la forma en que Dios hace nuevas todas las cosas y recrea tu existencia con su amor. Es su oportunidad para transformar tu carácter y así darte "un nuevo corazón y un espíritu firme" (Ezequiel 36, 26.)

El dolor se convierte en agonía cuando no lo aceptas, cuando tratas de buscarle una explicación o un "por qué", pero si comprendes que más bien está allí por un "para qué", entonces te darás cuenta que aceptarlo, vivirlo con paciencia y aprender de él es un regalo, el regalo de la resiliencia.

El dolor es parte de tu proceso de purificación, de crecimiento espiritual, de maduración en el amor. Es tu oportunidad para comenzar a ver con lo que llamo "visión de eternidad". La visión de eternidad es vivir con la mirada puesta en Jesús, es caminar por este mundo sin perder de vista a Jesús, es decidir vivir de tal forma que todas tus acciones tengan implicancia de eternidad. Entonces comprenderás por qué es más importante amar al prójimo que asegurar tu bienestar, entenderás por qué dar es más importante que recibir, percibirás por qué debes amar sin condición, aunque te traicionen, advertirás que la humildad es la puerta abierta de tu corazón para que Jesús entre a transformar tu existencia, vislumbrarás lo que es la vida después de la muerte, y todas tus acciones serán con miras a lo que no tiene fin, a lo que es invisible y para siempre, a lo esencial, hacia donde apunta tu alma.

Tus experiencias de aprendizaje más significativas surgen del dolor. Ahora, no se trata de que seas masoquista y busques el dolor, sino más bien de mirarlo con una perspectiva diferente cuando te toque vivirlo, con visión de eternidad. Cómo afrontas el dolor es un indicador de tu madurez espiritual, pues recuerda que todos los elegidos de Dios pasaron por el crisol del dolor para ser moldeados. De hecho, el apóstol Santiago considera que las pruebas son un motivo de alegría (Santiago 1: 2). También, en Hebreos 12:11 se recalca que "ninguna corrección nos alegra en el momento, más bien duele; pero con el tiempo, si nos dejamos instruir, traerá frutos de paz y de santidad".

Es tan fácil perderse ante el dolor, pues si lo ves desde la perspectiva del mundo, donde evitas el dolor a toda costa y optas por escapar de él apenas toca las puertas de tu corazón, es así como el enemigo logra entrar en tu mente con sus mentiras para que formes estas "verdades de vida" que te harán daño y no te dejarán ser feliz. Sin embargo, si eres resiliente y afrontas el dolor con valentía, y en vez de escapar buscas ver la voluntad de Dios y su propósito para la prueba, ya no temerás al dolor ni huirás de él, sino que comenzarás a apreciar el tiempo de dolor como un andamio con el que el Padre forma tu carácter, preparándote para la gran bendición, amarás el dolor. Así, si aprendes a amar el dolor, nunca más sufrirás.

Día 9

9. **Siempre te conviertes en el reflejo del Dios que tienes en tu corazón.**

Eres imagen de Dios, lo sabemos desde el principio de la creación, pero te has preguntado: ¿Qué imagen tienes tú de Dios? ¿Quién crees que es Dios? Pues eres imagen del Dios que tienes en tu corazón.

Cuando me hice esta pregunta me sorprendió el pasaje con el cual el Padre me mostró este principio, el libro de Éxodo, capítulo 32. Te invito a leerlo antes de continuar.

Como habrás observado, se narra la historia de cuando el pueblo de Israel se fabrica un becerro de oro como dios; estaban preocupados porque Moisés no había bajado del monte Sinaí, donde se encontraba hablando con Dios cara a cara. Al pueblo le pareció que su líder tardaba mucho. Le pidieron a Aarón que les fabricara un dios que los guiara, quien accedió y fabricó un ternero con oro y plata fundida. Ellos exclamaban: "Estos son los dioses que nos sacaron de Egipto". Aquí podemos ver que el pueblo estaba confundido, pensando que este becerro representaba al Dios de Israel. Se hicieron una imagen de animal porque a eso estaban acostumbrados, ya que todos los dioses de Egipto eran animales.

Ahora bien, ¿Era este becerro el verdadero Dios que los sacó de Egipto? Ahora tú podrás decir con toda certeza que no lo es. Sin embargo, si nos ponemos en los zapatos del pueblo de Israel, este dios, era para ellos el mismo Dios en el que tú y yo creemos, es decir, para ellos, este dios era Yahvé. El gran pecado del pueblo de Israel fue la idolatría, que es sustituir a Dios por cualquier otra cosa que él no es. Entonces, el pueblo de Israel creía en su mente que esta imagen era el verdadero Dios. Ellos se hicieron un dios a su manera, a sus costumbres. ¿Cuántos de nosotros no nos hacemos un dios a nuestra manera, o según nuestra forma de pensar? Muchos creen que Dios es castigador, y se la pasan viviendo su fe con miedo. Otros creen que Dios es como un genio que concede milagros si le rezamos muchas oraciones. Otros, tienen la imagen de un Dios guerrero, y se la pasan viviendo en

| Día 9 |

batallas espirituales, juzgando las acciones de los demás. Hay quienes creen que Dios es como un juez y viven con la imagen de un Dios que está esperando a que peques para castigarte de inmediato. Hay quienes creen que Dios es flexible y que solo observa desde su trono a ver lo que pasa. Hay quienes creen que Dios está lejos, y por tanto, ellos se alejan. Cada uno tiene la imagen del dios que lleva en su corazón.

Del mismo modo, si continuamos con esta historia, podrás notar cómo Dios le expresa a Moisés la razón por la cual le duele el pecado del pueblo de Israel: "Pronto se han apartado del camino que les he indicado". Y es que un dios a nuestra manera nos aparta del camino que Dios tiene para nosotros, el único que lleva a la verdadera felicidad. Es importante que identifiques qué es lo que piensas tú de Dios, no vaya a ser que te hayas fabricado un dios y te alejes del camino que el verdadero y único Dios tiene para ti.

Siguiendo en el relato, Dios se dispone a destruir al pueblo de Israel por su rebeldía, sin embargo, Moisés intercede por ellos, le recuerda a Dios sus promesas hechas a Abraham, a Isaac y a Jacob, de multiplicar la descendencia y darles la tierra prometida, y Dios accede por amor a Moisés y a sus antepasados. Aun así, debes tener claro que el castigo por el pecado de idolatría es la muerte, porque mueres cuando te haces imagen de otro dios, mueres cuando en tu corazón y en tu mente existes como la imagen de un falso dios, ya que así te comportarás, y así mismo tu espíritu será reflejo de esa imagen, nunca podrás ser auténtico, sino que serás una falsa versión de ti, eso es estar muerto en vida, pues solo vives cuando eres imagen del verdadero creador.

¿Por qué pecó así el pueblo de Israel? Porque no supieron esperar. Dice la Biblia que Moisés llevaba 40 días arriba orando, el pueblo no sabía nada de él. ¿Has pensado alguna vez que la imagen que tienes de Dios puede estar influenciada por las experiencias que has vivido, más que por la lectura asidua de su palabra? Es decir, ¿has considerado la posibilidad de que te hayas hecho un dios a tu manera, un becerro de oro forjado de tus vivencias pasadas? Si es así, ¿Qué imagen te has formado cuando no has

Día 9

sabido esperar? Porque, si bien es cierto que el tiempo de Dios es perfecto, es muy diferente al nuestro, y esperar en sus tiempos ya de por sí es difícil porque queremos que las cosas pasen cuando nosotros deseamos. No saber esperar en Dios es falta de confianza, es no conocerle, es no amarle, porque quien lo ama, espera en él (Salmo 146). Pero cuánto nos cuesta esperar, sobre todo, cuando Dios hace silencio.

Cuando Dios hace silencio solemos fabricarnos un dios a nuestra manera, un dios que se acomode a nuestras verdades, a nuestros criterios, a nuestra perspectiva. Pero, ¿no es eso hacernos un ídolo? Cuando lo que debemos hacer es adentrarnos en conocer a Dios, es cambiar nuestra forma de pensar y criterios a la forma de pensar de Jesús, es adaptarnos nosotros a él, y no al revés, es escudriñar su palabra, saborearla, disfrutarla, estudiarla, guardarla en nuestro corazón y cumplirla, solo así podremos conocer a Dios y saber cuál es su voluntad, porque cuando no lo conoces, tampoco sabes cómo piensa, por tanto, no sabrás cuál es su voluntad, porque no estudias la palabra. Solo conocemos a Dios y a Jesús cuando guardamos sus mandatos, nos hacemos uno con él (Juan 14, 23). Es tan simple como pensar en la siguiente pregunta: ¿Conoces al presidente de tu país? Pues muchos dirán que sí, pero ¿realmente le conoces? Tienes conocimiento del tipo de comida que le gusta, cómo piensa, su música favorita, qué hace en sus momentos de ocio, qué le molesta o incomoda, cuál es su pasión, ¿en verdad lo conoces o solo sabes quién es por lo que has escuchado en los medios y de la opinión pública? Así mismo pasa con Dios, solo lo conocemos cuando cultivamos una relación íntima con él, cuando le conocemos cara a cara.

Para tener la imagen correcta de Dios debes conocerlo, y para conocerlo debes tener intimidad con Dios. La Biblia nos dice que Moisés hablaba con Dios cara a cara (Éxodo 33,11). En la cosmovisión judía, hablar cara a cara significaba que Moisés conocía las intimidades de Dios, y Dios conocía las intimidades de Moisés, en otras palabras, Dios y Moisés eran amigos. Cuando Dios es tu amigo él te hace un despliegue de los atributos de su corazón y te muestra lo que hay en él. Es decir, el grado de intimidad es tal, que Dios te concede la gracia de revelarte cosas reservadas solo para quienes son íntimos con él. Hablar con Dios cara a cara es ser imagen del Dios verdadero, porque conociendo quién es Dios, solo así llegarás al conocimiento pleno de quién eres tú. Guardar su palabra en tu corazón y practicarla es lo que te hace amigo de Dios, no por nada Jesús dice en Juan 15: 14 "Ustedes son mis amigos si cumplen lo que les mando", palabras que pronunció justo después de revelar su único mandato: "Ámense como yo los he amado". Entonces, conocer a Dios y ser su amigo, tener una profunda intimidad con él y hablarle cara a cara; es amar como él ama, sin condición. En la 1ra Carta de Juan 4, 7-8 dice que "el que ama conoce a Dios, porque Dios es amor". La palabra en griego utilizada aquí para el verbo "amar" es "Agape", que significa amor incondicional, como lo vimos en el principio 6. Luego en el versículo 11 dice: "Si Dios nos amó de esta manera, así debemos amarnos nosotros". ¿Amas tú de esta manera? Si no amas así entonces no conoces a Dios, sino que eres imagen de un becerro de oro.

Conocer a Dios es la mayor experiencia de intimidad del ser humano. Si no conoces a Dios en la intimidad, entonces te fabricarás un dios a tu manera, y de ese serás reflejo. ¿Qué imagen tienes tú de Dios? Yo me quedo con la imagen de Dios que tiene Jesús, la de un Padre.

En algún otro momento mi guía espiritual me habló de un término desconocido para mí: la filiación divina. Es saberse hijo de Dios, y que él es tu Padre. Me explicó también que muchos estamos familiarizados con que Dios es nuestro Padre, sin embargo, nuestra humanidad hace una correlación en el subconsciente con la imagen que tenemos de nuestro padre terrenal. Así, nuestro concepto de Dios-Padre está sugestionado con nuestra experiencia humana. Por tanto, si tuviste un padre ausente, tu concepto de Dios es el de un Padre que está allá a lo lejos, al cual ubicas en el cielo y que le hablas desde acá en la tierra. Por supuesto que eso dista de la verdad, ya que Jesús nos enseña que el Padre celestial habita dentro de nosotros (Juan 14,23), él nos muestra cómo es el verdadero Padre, y con su ejemplo, nos demuestra cómo debemos ser nosotros como hijos. Si tienes en tu corazón la imagen correcta de Dios-Padre, entonces de él serás imagen, actuarás como su hijo, le hablarás cara a cara porque lo conoces, serás su amigo, amarás.

10. La mente hace preguntas. El corazón las responde.

Alguna vez te has preguntado ¿qué había en la mente de Cristo? En la 1ra carta a los Corintios 2, 16, el apóstol Pablo menciona que nosotros tenemos la mente de Cristo. Me parece interesante conocer la forma de pensar de Jesús.

¿Qué es la mente? La mente es el centro del razonamiento y la memoria, lo que ella cree y piensa, se manifiesta directamente en el cuerpo. Es un instrumento físico con el cual podemos dirigir nuestras acciones (voluntad y decisión), pero que también tiene componentes espirituales.

Tener la mente de Cristo, es tener la forma de pensar de Cristo, esto es, compartir su manera de razonar, compartir su memoria. De hecho, eso significa la palabra cristiano, que compartimos la forma de pensar de Cristo.

¿Cómo pensaba Cristo? Pues de una forma muy distinta a como pensaba la sociedad, a eso estás llamado, a pensar diferente. De hecho, por pensar diferente fue que lo mataron; al enseñar un Dios-Padre que reina en el corazón del hombre y que ama la humildad por encima del sacrificio, que su ley es el amor y que todos somos sus hijos, esto chocaba directamente con el concepto de Dios que tenían los maestros de la ley en ese tiempo. Jesús pensaba diferente y tenía una mente privilegiada, pues al ser el hijo de Dios, pensaba como piensa Dios, y así mismo el mensaje que enseñaba. Él mismo dijo en Mateo 5, 17:

—No he venido a abolir la Ley, sino a darle forma perfecta.

Esto es la Ley del amor. Los judíos de su tiempo no comprendieron que todo el accionar de Dios con la humanidad

| Día 9 |

está basado en el principio de su amor. De allí que en todas las parábolas que Jesús enseñaba, siempre había una acción del amor de Dios. Desde el amor que recibimos del Padre como en la parábola del Hijo Pródigo, hasta el amor que nos busca a pesar de todo sin cansarse jamás, como en la parábola de la oveja perdida. El amor está intrínseco en las parábolas, todas conservan alguna de las aristas del amor de Dios; perseverancia, búsqueda de un tesoro, florecer, renovación, obediencia, entrega, perdón, alumbramiento, celebración, crecimiento, amor al prójimo, fraternidad, humildad, perseverancia, amor incondicional. El amor es la forma de pensar de Jesús, y su mente es humilde, pura, recta, orante, llena de sabiduría, fortaleza, nutrida de la palabra, íntima con el Padre.

Ahora bien, nuestra mente formula un sin número de preguntas que crean tanto dudas como incertidumbres. Si adoptamos la manera de pensar de Cristo, encontraremos todas las respuestas en nuestro corazón. Esto es porque Jesús demostró que la finalidad de la ley del amor es transformar los corazones, como hizo con María Magdalena, con Zaqueo, con todos a quienes sanó, con sus discípulos, como quiere hacer contigo. Y es que en el corazón se encuentran todas las respuestas porque allí habita quien todo lo sabe, solo debes aprender a escucharlo, y para eso está el silencio. El silencio de tu mente te lleva a escuchar tu corazón. Y una vez conoces lo que tu corazón te quiere decir, o más bien, lo que Dios te quiere decir desde tu corazón, entonces podrás dirigir tu pensar hacia la ley del amor, y actuar como Cristo. Tener la mente de Cristo sugiere abandonar tu forma de pensar y adoptar la forma de pensar del Salvador.

Así pues, el corazón es el lugar de las comunicaciones divinas. Jesús escuchaba su corazón, así mismo sus pensamientos iban acordes a lo que allí había. ¿Cómo lo sabemos? Pues la expresión de los pensamientos es la palabra. Si analizas toda la palabra de Jesús conocerás lo que había en su corazón. En Mateo 12, 34 Jesús nos dice: "De lo que abunda en el corazón hablará la boca". Tus palabras son reflejo de tu forma de pensar, y tu forma de pensar habla de lo que está lleno tu corazón. Si tu corazón está lleno del mundo, tus palabras serán quejas y críticas, si tu corazón está lleno del amor de Dios, hablarás como Jesús.

Ahora bien, no somos el Salvador, y dentro de toda esta marejada de pensamientos, incertidumbres, dudas y miedos, debemos esforzarnos por permanecer en la palabra de Jesús, adoptarla, y sobre todo practicarla. A esto se refiere Jesús cuando dice en Juan 14, 15: "El que me ama guarda mis mandamientos", y luego en Juan 15, 9: "Permaneced en mi amor", porque Él sabe que si permanecemos en su único mandamiento, el amor, pensaremos como Él, y entonces seremos felices, ese es el anhelo de nuestro Padre.

Pero ¿Cómo permanecer en la palabra de Jesús? Ciertamente es difícil, pero no imposible. El Padre me mostró que para hacer esto debemos aprender a controlar nuestras emociones, porque son ellas las que nos desvían del camino con frecuencia, no porque sean malas, sino porque muchas veces dejamos que nos controlen, y eso nos lleva a tomar malas decisiones, decisiones que nos esclavizan.

Verás, como hemos visto a lo largo de este libro, en tu corazón están tu intelecto, tus emociones y tu voluntad. Es decir, en tu corazón están todas tus emociones, absolutamente todas. Para poder controlar tus emociones y que no te dominen, es necesario que tengas la mente de Cristo, sino tus emociones te dominarán y agotarán tu voluntad. Al conocer esto decidí leer los evangelios desde la perspectiva emocional de Jesús, y descubrí un despliego de emociones de mi amado Cristo. Las vivió todas, no se guardó nada, vivió todas las emociones que yo he vivido, y aun así permaneció en el amor. Esto es, porque conocía al Padre. Es decir, su intimidad con el Padre era tal, que Jesús conocía la forma de pensar de su Padre, y así mismo pensaba él. Conocer al Padre es la experiencia de mayor intimidad con nuestro yo interior, es conocernos a nosotros mismos en nuestra máxima expresión, porque ¿Quién ha tenido más pensamientos sobre ti sino el Creador? Dice el salmo 139, 17 que los pensamientos de Dios sobre ti son más numerosos que la arena. ¿Te imaginas todo lo que el Padre ha pensado de ti? Pues entonces todas tus dudas e interrogantes las puede responder quien te creó, y él responde desde su morada, desde tu corazón.

Ahora, para identificar las respuestas de Dios debemos comprender su voluntad, y como ya vimos, hay que tener intimidad con el Padre para esto. Sin embargo, nuestro amado Padre también nos ha hecho libres, libres de decidir nuestro destino, libres de escogerle. Dentro de esta libertad, Dios nos creó con la facultad de controlar nuestras emociones, y para esto es que debemos afinar nuestra forma de pensar con la de Jesús. Esto es, ya sabiendo lo que hay en nuestro corazón y escuchándolo, entonces podremos dirigir nuestros pensamientos para canalizar nuestras emociones, pues ellas son el motor de nuestro accionar para cumplir la voluntad del Padre, y ser felices. Ya me explico mejor.

Imagina que tus emociones son como las teclas de un piano, y tu forma de pensar las manos del pianista. La tecla que toques es la que va a sonar, igual es con las emociones. El pensamiento que traigas a tu mente es el que va a activar una respectiva emoción. Tus pensamientos desatan tus emociones, los que a su vez están sugestionados por tu percepción, tu percepción por tu experiencia y tus creencias. Tus pensamientos definen si el acorde que tocas es mayor (alegre) o es un acorde menor (triste). De igual forma como funciona un acorde funciona tu corazón. Verás, un acorde mayor está formado por el 1er grado, el 3er grado y el 5to grado. Si estamos en la escala de Do mayor, el acorde estará formado por Do (1ero), Mi (3ero) y Sol (5to). Al estudiar un poco de piano aprendí que para hacer de este acorde una tonalidad menor (triste) solo hay que disminuir el 3er grado en un semitono, es decir el tercer grado es bemol (casi siempre las teclas negras del piano). Sería algo como Do (1ro), Mibemol (3ro bemol) y Sol (5to), y automáticamente el acorde del piano suena triste. Del mismo modo, tu corazón tiene intelecto (1er grado), emociones (3er grado), y voluntad (5to grado). Si disminuyes tu emoción entonces

| Día 9 |

tendrás un corazón triste. Ahora bien, ¿quién cambia el 3er grado de natural a bemol? Usualmente es el dedo medio de la mano, también llamado corazón. ¿Casualidad? Tus pensamientos son como ese dedo medio que define si tu emoción será triste o alegre. Lo que le pasa a alguien con depresión es que sus emociones lo controlan, las teclas controlan la mano. Y no hay melodía que armonice cuando las teclas tienen el control, de hecho, no es una canción, sino ruido.

En inglés hay un término denominado *"overthinking"* que se traduce como: pensamiento excesivo, o pensar demasiado, y se refiere a una lluvia de pensamientos desordenados y al azar que comienzan a invadir tu mente luego de experimentar una situación específica, que despierta ciertas emociones que están alojadas en tu subconsciente como resultado de experiencias previas. Este es el principal indicador de que eres preso de tus emociones, porque ellas entonces controlan tus pensamientos. Tus decisiones son influenciadas y controladas por tus emociones. Recuerda, tu mente es el campo de batalla del enemigo, y aprovechará cada segundo para colar sus mentiras en tus miles de pensamientos descontrolados.

Ahora bien, ¿cómo controlar tus emociones? ¿Cómo ganar el control de tus pensamientos para que toques una melodía hermosa en tu corazón? Teniendo la mente de Cristo. Allí no cabe ninguna mentira.

Tenemos miles de pensamientos al día, imagina cuántas emociones evocas a diario. Te reto a que pases 40 días orando sin cesar, hablando constantemente con tu Padre, leyendo y meditando sus preceptos cada hora. Durante ese tiempo, ¿qué pensamientos vas a tener? Pues los de Cristo. ¿Qué emociones vas a evocar? Pues las de Cristo. Porque irás creando las conexiones nerviosas que te llevarán a hablar como Cristo, estudiarás y practicarás la palabra de Cristo, obedecerás como Cristo, pensarás como Cristo, sentirás como Cristo, amarás como Cristo, y tu corazón armonizará con el corazón de tu Padre celestial, serán uno. (Juan 17:21)

| Día 9 |

De todas las preguntas que la mente puede hacer, las que responde tu corazón son las que te pueden hacer feliz, pues allí habita quien te creó para serlo.

11. La intención es lo que cuenta.

En el principio número dos pudimos abarcar la importancia de tener la intención correcta en el corazón. Hay otro aspecto trascendental en la intención, y es la importancia que Dios le da. En Santiago 4, 3 dice: "No obtienen lo que piden porque piden con mala intención". Esto es porque, para Dios, la intención es la forma más pura del anhelo de tu corazón. Es decir, solo la correcta intención es la que activa la bendición de Dios.

En Génesis 4, 3-7, se nos cuenta cuando Caín y Abel hicieron ofrendas a Dios, más Dios le agradó la ofrenda de Abel, y aborreció la de Caín. ¿Por qué a Dios no le agradó la ofrenda de Caín? Ahora, la Biblia no explica por qué realizaron esta ofrenda, pero lo más seguro es que era parte de un mandato. Caín dio los frutos de la tierra, y Abel sacrificó los primeros nacidos de sus rebaños y quemó su grasa. No sabemos qué les había pedido Dios, pero sí podemos ver que más adelante, en el versículo 7, Dios le dice a Caín que él no obra bien, porque el pecado está en su corazón, lo acecha como fiera y le dice que debe dominarlo. Dios renegó de la ofrenda de Caín por su mala intención. Caín hizo lo correcto al llevar la ofrenda a Dios, más su intención no era la correcta, tan evidente que lo llevó a matar a su hermano a pesar de la advertencia de Dios, pues era orgulloso, y no quiso siquiera escuchar.

Del mismo modo, si leemos la historia del rey Saúl, podremos notar el mismo patrón de comportamiento. El rey Saúl desobedece a Dios, era obstinado y necio, por esto perdió la bendición de Dios. Por eso Dios le retira su Espíritu y decide escoger a David como próximo rey de Israel. Lo escoge porque ve en su corazón la intención de un hombre que es conforme a su voluntad. (Hebreos 13:22)

| Día 9 |

No esperes de Dios lo que pides si no has purificado tu intención. En el momento en el que el Espíritu me iluminó con esta sabiduría, reconocí que muchas veces actué con una intención egoísta, percibí que muchas de las veces que no recibí lo que pedí, fue porque mi intención tenía su raíz en mi orgullo herido, más que en el amor verdadero. En ese momento pregunté al Señor:

—Padre, ¿Cómo puedo purificar mi intención?

La respuesta del Padre fue, como de costumbre, inesperada:

—Dejándome entrar en tu corazón.

Es difícil tener buenas intenciones cuando nuestro corazón está lejos de Dios, cuando tu corazón ha sido herido o traicionado. Cuando es así, tendemos a culpar al otro de nuestro dolor, hacerlo responsable de nuestro sufrimiento, y esto nos contamina de malas intenciones, enferma nuestro corazón, y nos aparta de Dios. No obstante, dejar que Dios purifique tu corazón puede ser un proceso doloroso y que toma tiempo, pero el resultado final es un corazón renovado (Ezequiel 36, 26), dispuesto a la intimidad con el Padre.

Como dice el salmo 51, 12: "Crea en mi Señor, un corazón puro". Luego en el versículo 19 dice: "El sacrificio a Dios es un espíritu quebrantado, porque no rechazas un corazón arrepentido y humillado". Las tribulaciones te quiebran el corazón, y es así como Dios puede entrar en tu corazón y comenzar a renovarlo. Tu dolor tiene un sentido de renovación, por eso, Dios no puede rechazar tu corazón herido, porque es su oportunidad de mostrarte cuánto te ama. Para esto el Padre te permite ser quebrantado por medio de situaciones que te agobian, y en su mayoría, estas situaciones las vivirás con personas a las cuales has abierto tu corazón, serán más comunes con tu familia.

Si bien es cierto existen diversas formas de purificar tu intención, en mi situación personal advertí que Dios nos ha regalado la familia que necesitamos para purificar las intenciones de nuestro corazón.

| Día 9 |

Tu familia está para hacerte mejor persona en lo que necesitas. Si te pones a pensar en cada miembro de tu familia, verás que puedes sacar una enseñanza valiosa de cada uno. La familia está allí, no para ser juzgada ni educada, sino para moldearte, cada miembro es como un engranaje perfecto que te ayuda a perfeccionarte en el amor al desarrollar las virtudes en las que te hace falta madurar.

Cada familia es perfectamente imperfecta, cada uno tiene la familia, no que merece, sino la que necesita para ser mejor. Siempre es así, es la ley de las familias. ¿Cuántas veces nos alejamos de nuestra familia por sentir que no somos parte de ella, como que no encajamos, por sentirnos juzgados, sentirnos la oveja negra? Pero, más allá que cometamos miles de errores, la familia siempre será familia. ¿Qué no es triste que hermanos se peleen por una propiedad, que tu padre engañe a tu madre, que exista un alcohólico en la familia, o quien es rechazado por tener una orientación sexual que difiere de tus valores, o un familiar que abusó de tu hija, o quien golpeó, gritó y abusó psicológicamente de otro? Sin embargo, esa o esas personas siempre serán tu familia, porque la familia es el núcleo donde nos forjamos como seres humanos; que sea para bien o para mal depende de nuestra madurez en tomar las decisiones y crear verdades de vida que nos definan. Pero si te pones a pensar, ¿serías lo mismo sin ellos? ¿Hubieses llegado hasta dónde has llegado si no hubieses tenido que atreverte a ser diferente? ¿Hubieses desarrollado la capacidad de dar buen consejo, de mantenerte firme en una convicción, de ser resiliente ante la adversidad, o de inculcar valores a tus hijos por las experiencias aprendidas? O si eres tú la "oveja negra" o el causante de las noches de angustia, ¿Quién serías sin el apoyo incondicional de tu familia? Y si crees que no tienes familia, pues te comunico una gran noticia, todos tenemos familia, porque incluso el ser humano más solitario del mundo podrá siempre contar con su Padre Dios, su madre María, su hermano mayor Jesús y su reflejo, el Espíritu Santo.

| Día 9 |

La familia no lo es todo, pero sí es lo más importante. Por eso, aunque te sientas mal, ámalos, porque allí es donde se practica el verdadero amor incondicional, allí es donde se purifica la intención de tu corazón, pues nadie puede escapar de la sangre.

12. La Humildad es la virtud del corazón

Todo inicia y termina con la humildad. Esta es la única forma de permanecer en el amor de Cristo, ser humilde. La humildad abre la puerta a la presencia de Dios y permite que su Gracia se derrame sobre nosotros, no porque la merecemos, sino porque nuestro corazón está dispuesto y atento. (Salmo 57,7). Cuando tienes un corazón dispuesto Dios no puede resistirse, te llena de su amor verdadero, porque el verdadero amor solo cabe en un corazón humilde.

¿Qué es la humildad? No es ser pobre como muchos piensan, es observar con detenimiento la gloria de Dios sin hacer preguntas ni hablar. Es decir, la humildad crece en el silencio cuando nos prestamos a la experiencia de contemplar. Es obedecer sin renegar de la voluntad de Dios, es aceptar lo que venga como muestra del amor de Dios, aunque no comprendamos una experiencia que consideremos negativa; ser humilde es reconocer la mano del Creador en todo, eso es temor de Dios.

En el libro de Sirácides (también llamado Eclesiástico) se nos habla de que el temor de Dios es el comienzo de la sabiduría (Sirácides 1, 14 y 20). Temer a Dios no es tenerle miedo, sino tenerle presente en todo momento, guardar sus mandamientos por amor, es respetar sus leyes y principios, es obedecer, es permanecer en su amor, es cultivar la paz, es aprender a ser pacientes en las pruebas, es confiar en la voluntad de Dios sin preguntarnos tantos porqués, es humildad. Porque solo cuando eres humilde, serás "Anavah". Esta es la traducción al hebreo para la palabra humildad.

Como habrás podido percibir al leer este libro, me apasiona conocer el significado de las palabras en hebreo, idioma en que se escribió el Antiguo Testamento. Considero fascinante el hecho de que encierran mucho más de lo que se traduce a las lenguas actuales, ya que en la cultura de ese tiempo prestaban atención al más mínimo detalle, y le daban un significado profundo a cada movimiento del pincel al dibujar cada letra de esta lengua arcana. Me dispuse a estudiar las letras que forman esta palabra, y es asombroso lo que obtuve al juntar el significado de cada símbolo, fue algo así:

Anavah.

"La actitud de obediencia y observancia de la luz de Dios con detenimiento, sin hablar sino contemplando, que nos lleva a inclinarnos en señal de reverencia como lo hacía Cristo, esto es siendo fieles a la enseñanza de la Palabra, recibiendo así la recompensa de permanecer fieles, la corona de gloria que Cristo recibió, y que abre la puerta de la gracia que se aloja en tu corazón".

Cuando comprendí esta sabiduría de la humildad, el Espíritu Santo me reveló una verdad que me intrigó, me dijo:

— El corazón herido se cura en la soledad —a lo que pregunté casi al instante:

— ¿Por qué en la soledad? —no demoré ni un segundo en reformular la pregunta;

— ¿Para qué permites que un corazón sane en la soledad? —a lo que el Espíritu me respondió:

— Para que te encuentres con el verdadero tú, y así veas quién eres ante los ojos de Dios, porque cuando conoces en realidad quién eres para Dios, muere el orgullo, y nace en ti la virtud de los hijos de Dios, la humildad.

En ese momento me vi frente a un espejo, me observé durante unos segundos, y de repente, brotó una lágrima diferente que comenzó a recorrer mi mejilla, no era de lamento, era la lágrima del encuentro. Fue allí, en ese preciso instante, donde se iluminó toda oscuridad en mi mente y, finalmente, se me reveló el secreto del amor, el Espíritu Santo me dijo:

—Eres reflejo del amor de Dios.

| Día 9 |

Todo cobró sentido. Con esto comprendí que somos cristales del amor de Dios solo cuando somos humildes. Antes pensaba que mi amor se hacía fuerte al estar en Dios, y que ese amor iba creciendo y desarrollándose. Y sí, puede ser así, pero el amor humano siempre será finito. Sin embargo, Cristo nos enseña algo más trascendental: si somos humildes seremos seres diáfanos del amor de Dios. Esto es, seremos cristales que reflejen el amor del Creador. Ya no es nuestro amor creciendo, sino el amor de Dios fluyendo a través de nosotros. Siendo así, somos instrumentos de la fuente inagotable de amor. Así, todo lo que hagamos con actitud de humildad, en verdad es hechura del mismo Dios, porque es su amor fluyendo a través de nosotros. Esto es disminuir nosotros para que fluya Él a través de nosotros. Es así que ocurren los milagros, no son hechuras del hombre, sino del amor de Dios. ¿María hace milagros? No, la humildad de María la hace un cristal del amor de Dios, que hace los milagros. Igual pasó con los apóstoles y los santos, se convirtieron en cristales diáfanos del amor de Dios, por humildad.

Contrario a la humildad es el orgullo, y este te aleja de Dios. El orgullo engendra soberbia y cultiva el ego, ambos necesarios para contaminar y enfermar el corazón del ser humano. Santiago 4, 6 dice que Dios resiste a los orgullosos, y creo que no hay nada más triste para el hombre que estar lejos del Padre. El orgullo desencadena toda clase de vicios, desde los más letales como la droga o el alcohol, hasta los menos perceptibles como el apego afectivo, la baja autoestima, la depresión. Es tan fácil para el enemigo sembrar el orgullo en ti, solo debe esperar a que pases por una situación difícil, y él, que es muy astuto, sembrará una mentira en tu subconsciente por medio de tu pensamiento, y allí comienza el ciclo del orgullo. El ciclo del orgullo comienza con el pensamiento: Yo merezco.

Verás, el creer que "mereces algo" es el inicio del orgullo, no porque no lo merezcas, sino porque tu nivel de "consideración" aumenta. El psicólogo Francisco Ugarte en su libro "Del Resentimiento al Perdón", habla de que el resentimiento, que tiene

Día 9

su raíz en el orgullo, es una combinación de dos factores: emocional y racional. En el componente emocional está el grado de emoción que le damos a la ofensa, que en el resentido se tiende a exacerbar la ofensa dándole una emoción mayor a la que merece. Y en el componente racional, el resentido exacerba la ofensa al aumentar su grado de consideración, es decir, él siente que "no se merecía esa ofensa", esto aumenta el grado de la ofensa, por lo que termina percibiendo algo mucho mayor a lo que fue. Ugarte menciona que ambos factores se exageran por el egocentrismo, la persona está enfocada en sí misma, es orgullosa.

El orgullo te lleva a decir "yo merezco", o peor aún, te hace juzgar a los demás y decidir lo que "el otro se merece". Por el contrario, la humildad te lleva a decir "Dios merece". Así cuando el orgulloso dice "yo merezco ser amado", el humilde dice "Dios merece que yo ame como Jesús ama". Cuando el orgulloso dice "Yo no merezco esa ofensa", el humilde dice "Dios merece que yo perdone esa ofensa como él me perdona a mí". Cuando el orgulloso dice "Yo merezco que mi amigo esté dispuesto a hacer por mí lo que yo por él", el humilde dice "Dios merece que yo sea siempre el mejor amigo para el otro". Cuando el orgulloso dice "Yo merezco que respeten mi dolor", el humilde dice "Dios merece que yo respete a sus hijos". Cuando el orgulloso dice "Yo merezco que mis padres me den esto porque soy su hijo o hija", el humilde dice "Dios merece que yo sea agradecido por lo que mis padres me dan". De igual manera funciona para tu vida matrimonial, en tu vida familiar, en tu ámbito profesional, es a todos los niveles. Verás, el orgulloso se enfoca en sí, el humilde lo enfoca todo en el Padre, y todo lo humilde es más trascendental. Jesús nunca dijo "Yo merezco", siempre habló de lo que el Padre merecía (Juan 15, 8).

La mentira del "Yo merezco" se remonta a los tiempos de la creación. En Génesis 3, 6 podemos percibir que Eva pensó que merecía obtener el conocimiento del bien y el mal, por esto desobedeció y comió el fruto. Y luego Adán, quien siente que merece ser excusado, se hace víctima y culpa a Eva por haber

Día 9

comido del fruto (Génesis 3, 12). El orgullo te lleva a culpar al otro por tus desdichas e inseguridades, te hace víctima. La humildad te hace comprender al otro, sanar de forma saludable, dejar ir, madurar al aceptar tu responsabilidad, y crecer como persona.

De la misma manera, en Génesis 3, 7 podemos percibir que Adán y Eva se escondieron uno del otro porque estaban desnudos, porque el orgullo te llena de vergüenza al instante, porque te hace creer que mereces esconder tu desnudez, y allí nace el fracaso en las relaciones de pareja, allí es cuando creas máscaras que te impiden mostrarte cómo eres en realidad, por vergüenza, por orgullo. Sin embargo, cuando eres humilde, reconoces en la desnudez tu semejanza con Dios, muestras tu corazón desnudo, tal y como es, corriendo el riesgo de ser lastimado, y eso, mi amado lector, es fortaleza, es ser genuino, y he allí el éxito en las relaciones de pareja, en desnudarse.

Alguna vez te has preguntado: ¿por qué discutes tanto con tu pareja? Pues es por orgullo. En Proverbios 10, 12 el Rey Salomón escribe: "El rencor provoca las peleas, el amor perdona cualquier falta". Cuando peleas reiteradamente con tu pareja es porque hay un resentimiento alojado en tu corazón que no has perdonado aún, puede ser contra tu pareja, o la reacción a un estímulo provocado por heridas del pasado que aún no has sanado.

Ahora bien, hay diversos grados de las ofensas claro está, no podemos comparar una violación a un grito. Sin embargo, debemos acotar que, de todas las ofensas que recibimos, la mayoría pertenecen a las de menor agravio, y son estas las que tendemos a exacerbar.

La medida del resentimiento depende de cómo juzgues las ofensas recibidas. La respuesta personal de una persona orgullosa ante una ofensa es mucho más agravada que la de una persona humilde. Por ejemplo, la persona orgullosa tiende a exacerbar un grito al sentirse mucho más ofendida que una persona humilde. La persona humilde tiende a tratar de comprender por qué la persona actúa así. El orgulloso se resiente porque su egocentrismo lo lleva a sentir que él no se merece la ofensa. No estoy diciendo que te

Día 9

merezcas que te griten, sino que, si tú consideras un grito una gran ofensa porque tú no te mereces ni soportas que nadie te grite, es porque así lo consideras, y esto, querido lector, es orgullo. A Jesús le gritaron, le escupieron, se mofaron de él y nunca dijo nada, ¿por qué? Porque la humildad es la principal virtud de un hombre con fortaleza de carácter.

La humildad es la máxima fortaleza; el orgullo, de cualquier tipo, es la máxima debilidad del ser humano. La humildad cultiva la voluntad fuerte, que es, ante una ofensa, tener la fortaleza de controlar el estímulo (emocional) y expulsarlo de forma automática como un cuerpo extraño (racional), esta elasticidad no existe en el orgulloso. El orgullo es la voluntad débil que no controla el estímulo y da origen al resentimiento. El problema no es que sientas la ofensa sino que la retengas, y allí el enemigo comenzará a poner en tu mente pensamientos que alimenten la emoción y dar pie a tu razón, esto es *"overthinking"*, pues el enemigo quiere provocar estímulos recordatorios que detonen el resentimiento. Todo esto tiene que ver con el egocentrismo, el principal aliado del orgullo, porque una persona egocéntrica da demasiada importancia a todo lo que a ella se refiere, eso te hace vulnerable.

Otros factores que juegan un papel importante en el resentimiento son la *imaginación* y la *inseguridad*, porque pueden aumentar el riesgo de crear resentimientos. Una imaginación no dominada, sumada a la carencia de confianza en una persona insegura, son las armas más poderosas que el enemigo utiliza para entrar en tu mente, crear pensamientos negativos, sembrar sus mentiras, entrar en tu subconsciente, y allí tenerte bajo control, para que no seas feliz. Cuando el Espíritu me reveló esta sabiduría, lo que me dijo me dejó helado, me golpeó fuerte, y cambió mi perspectiva con respecto a cómo yo percibía las ofensas.

Recuerdo que me encontraba conduciendo una mañana hacia mi lugar de trabajo, escuchando mi lista de reproducción con música de adoración, como de costumbre. De repente, comienzo a recordar las ofensas que había recibido, y en ese preciso momento, percibo que los sentimientos comienzan a relucir, me encontraba herido y enojado de nuevo, solo con recordar. De pronto, distinguí que esto estaba ocurriendo, y al instante escuché la voz que me dijo:

—El enemigo te tiene donde te quería —. Estas palabras me golpearon duro, dolieron, porque me percaté que esto era lo que me alejaba de cumplir con mi propósito, al estar todo el día teniendo estos pensamientos de dolor, de resentimiento, de sentirme ofendido, ¿qué tiempo iba a tener para escribir y crear para el reino de Dios, si el mismo era consumido por pensamientos infructuosos? El enemigo estaba ganando la batalla en su terreno.

Esta vivencia me permitió darme cuenta que yo era una persona resentida, porque era orgulloso, débil. Esta es la peor secuela de la depresión, jamás serás feliz si vives deprimido, si vives herido, si vives con un orgullo escondido. A lo largo de mi vida había maximizado las ofensas, eso me había llevado a sentir grandes dolores en mi corazón. Al asumir mi responsabilidad de cultivar la humildad, comencé a recordar las ofensas que había experimentado y me percaté que en todas, mi emoción y mi razón habían exacerbado la ofensa. Lo contrario a esto hubiese sido tratar de comprender con objetividad la intención de la persona que me había ofendido, aceptar la ofensa y expulsar el estímulo con determinación, eso es madurez. Decidí adoptar la humildad ante la ofensa, así mismo comencé a estudiar la perspectiva de humildad de santos como San Agustín, San José María Escrivá y Santa Teresa de Jesús. También, me gustó leer a psicólogos actuales como Francisco Ugarte, Walter Riso, entre otros.

Una de las aristas del pensamiento moderno es la idea de que hay orgullo bueno y orgullo malo. Aprendí que orgullo es orgullo, y siempre te lleva a su único objetivo: la destrucción del alma.

La definición de orgullo según la RAE es: exceso de estimación hacia uno mismo. La Biblia dice de forma literal en Romanos 12, 3: "No os estiméis en más de lo que conviene; tened más bien una sobria estima según la medida de la fe que otorgó Dios a cada cual". Lo que la gente puede llamar orgullo bueno es dignidad y autoestima, y no es lo mismo saberse digno que cultivar el "orgullo bueno". Hay una línea muy delgada, esta es la que utiliza el enemigo para confundirte, porque en cualquier momento colará un pensamiento de su pecado predilecto. No estoy diciendo que no luches por tu dignidad, como buen hijo de Dios debes luchar por la justicia, pero lucha con humildad. La humildad abarca dignidad, y ya que te muestras cómo eres en realidad, entonces tendrás una autoestima saludable. Una persona humilde sabe quién es, sabe cuánto vale, mas no necesita demostrarlo. Jesús lo manifestó cuando lavó los pies, él sabía quién era, no necesitaba demostrarlo. Una persona orgullosa sí necesita demostrar quién es, porque duda de su valor, y necesita que otros se lo recuerden. Una persona humilde, ante una ofensa, para defender su dignidad, responde con mesura, se retira y se deshace del estímulo negativo (poner la otra mejilla). Una persona orgullosa, ante una ofensa, para defender su dignidad, provoca la discusión, cultiva el resentimiento, y se vuelve luego preso de sus emociones al no controlar el estímulo, del cual se hace esclavo.

Verás, el orgullo disfrazado de autoestima no es de los hijos de Dios. El "yo merezco" no significa que en verdad no lo merezcas, sino que, si te enfocas en eso, será tan fácil para el enemigo entrar a cultivar el ego, que pronto no sabrás distinguir entre cuándo lo haces por dignidad o por ego. Entonces, para esto, descubrí que lo que debemos hacer es atribuir todo a Dios, es decir, agradecer. No hagas las cosas porque tú las mereces, sino porque Dios lo merece, recuérdalo siempre. Si alguien te felicita por un talento, en vez de tomar el cumplido, desvíalo hacia Dios. Yo he aplicado esto en mi vida y he logrado ver las inmensas bendiciones que conlleva cultivar la humildad que mata el orgullo al ser agradecido.

Debes ser agradecido. Agradece al Padre en todo momento y por todo lo que te suceda, esa es la actitud de los hijos de Dios. Comprendí entonces la importancia de ser agradecido. Ser agradecido no es solo decir gracias, sino que es una actitud ante la vida. Ser agradecido es todo lo contrario al orgullo; por eso lo mata. Tener la actitud de una persona agradecida es la forma en la

| Día 9 |

que tú respondes a los estímulos externos, ya sean buenos o malos, es con la misma actitud que respondes hacia Dios cuando te da una bendición. A esto se refiere Jesús cuando dice en Mateo 5, 3:

—Felices los que tienen el espíritu del pobre, porque de ellos es el Reino de los cielos —. Con esto, Jesús nos quiere decir que el que tiene el espíritu del pobre es aquel que siempre agradece, porque los pobres son aquellos que no tienen nada, y por tanto, todo lo que reciben es obra y gracia de Dios, y viven agradecidos. Nuestro espíritu debe ser agradecido.

Dirijo un ministerio de música juvenil que lleva por nombre Jp2, acrónimo que adoptamos por el Papa Juan Pablo II. Les he enseñado que cada vez que nos felicitan por nuestro servicio, digamos: "Para alabanza y gloria de Dios". Y es que en 2 Corintios 10: 17 dice: "Si alguien ha de gloriarse, que se gloríe en el Señor". Dar gloria al Padre por todo es la actitud de los hijos de Dios, es ser agradecidos, es humildad. "Junten a la oración, la acción de gracias (Filipenses 4, 6)".

La segunda actitud que mata el orgullo por completo es dar. Además de que enaltece la gratitud, permite un crecimiento espiritual exponencial. La *generosidad* es distintiva de un alma humilde, no tanto por la misma acción de entregar algo, sino porque es el complemento perfecto de la gratitud, y eso, tu Padre lo ama. Dice en 2 Corintios 9, 7 que "Cada uno debe dar según lo que haya decidido en su corazón (intención), no de mala gana ni por obligación, porque Dios ama al que da con alegría". Esto es porque la mayor muestra de gratitud que puedes ofrecer a Dios es dar, es ser generoso. Es allí cuando en verdad demuestras cuan agradecido estás por todo lo que Él hace por ti, y lo expresas siendo desprendido con los demás, con tus bienes pero más aún con tu tiempo, el recurso más preciado; dedicar tiempo a alguien es la mayor muestra del amor generoso, porque el tiempo no vuelve. Dios es dador por naturaleza, igual tú que eres su hijo, eres dador por naturaleza. Nadie puede negar que no hay mayor satisfacción que dar y compartir con quien no tiene, pues la mayor recompensa la recibe el que da algo de sí al ver cómo puede ayudar a otro a ser feliz. La generosidad es la virtud de los humildes, lo corrobora Jesús cuando habla de la viuda pobre que echa dos moneditas en el templo (Lucas 21, 1-4). Él nos dice que ella dio más que todos los demás porque dio todo lo que tenía. La generosidad es la debilidad del corazón de Dios, pero hablo de la generosidad que da con alegría, aquella que se desprende de lo material por amor, porque solo el dador alegre comprende que dar de lo que posee tiene implicancia de eternidad (visión de eternidad), más que dar de lo que te sobra, y cuando es así, dar se convierte en tu experiencia de felicidad.

En conjunto, la *gratitud* y la *generosidad*, enaltecen tu espíritu, porque elevan tu corazón y tu entendimiento al plano del amor incondicional, porque, como dijo el mayor exponente de ambas actitudes: "No hay amor más grande que aquel que *da* su vida por sus amigos" (Juan 15, 13), el mismo que *entregó* su vida por ti, Jesús (Juan 10, 18). En fin, el orgullo es asesinado cuando actúas con un corazón agradecido y generoso, es decir, con un corazón humilde.

Verás, la humildad te convierte en un ser transparente. No es únicamente dejarte humillar, es saber quién eres, un hijo de Dios, y como hijo de Dios eres su imagen, y solo eres su imagen cuando eres transparente del amor del Padre, y para que el amor del Creador fluya a través de ti y llegue a los demás, debes ser humilde.

"Aprendan de mí que soy manso y humilde de corazón, y hallareis descanso en vuestras almas". Cristo. Mateo 11:29

He aquí el final de esta, mi historia de conversión a través del silencio. Lo último que el Padre me ha pedido que te revele es que la transformación de tu corazón, se lleva a cabo en un lugar específico: Getsemaní.

De todo lo que he vivido en este retiro de silencio, lo que me marcó fue la contemplación del día 7. Aún puedo sentir la mirada de Cristo clavada en mi alma, ardiendo en mi pecho, es un deseo fulgurante que clama a mi existencia por hablarte de él. Fue en el Getsemaní donde tuve mi encuentro con Cristo, y quiero dedicar estas últimas líneas para compartir por qué.

| Día 9 |

Getsemaní

"Aquella noche, justo antes de ser entregado, Jesús tomó a tres y se dirigió al huerto de los Olivos, a Getsemaní."

¿Por qué Jesús fue a Getsemaní antes de ser entregado? No fue por consuelo, tampoco para que Dios le diera valor, fue para decirle que sí al Padre, pero ese sí, fue doloroso. Jesús fue a sellar su pacto, fue a cumplir la voluntad de su amado Padre, fue a aquel oscuro lugar para asumir su propósito.

Getsemaní significa "Lugar de prensado". En tiempos de Jesús, existían huertos donde se exprimían las uvas de olivo para sacar su aceite, el cual era uno de los principales rubros de la economía de esa época. Los utilizaban para purificaciones en los templos, para alimento, medicina, como perfumes o para las lámparas que alumbraban las oscuras noches de Jerusalén. Para exprimirlas, se realizaba un arduo proceso. Primero las molían para formar una pasta, luego colocaban esa pasta en canastos, y por último procedían a prensarlas con un sistema de prensas y rocas pesadas que hacían contra peso. Era mucha la presión que debían ejercer para sacar el aceite, debido a que las olivas eran de una consistencia compacta. El proceso de prensado se realizaba tres veces. En el primer prensado sacaban el mejor y más fino aceite, el cual lo dedicaban a Dios y era destinado para que los sacerdotes lo utilizaran en el templo. En el segundo prensado, el aceite aún era de buena calidad, lo utilizaban para alimento, medicina y perfumes. En el tercer prensado, ya el aceite era de baja calidad, era este el que utilizaban para las lámparas.

Tres fueron las veces que Jesús repitió al Padre: "Hágase tu voluntad", así como las veces que se prensan los olivos. Así mismo, Jesús fue sometido a grandes presiones antes de asumir finalmente su misión, mas nunca se rindió, siguió orando a pesar de su enorme agonía que lo llevó a sudar sangre. Nos enseñó que las grandes dificultades de la vida se enfrentan. Nos demostró que, a pesar de un gran sufrimiento, aún en medio de la tribulación, somos capaces de permanecer firmes si confiamos en el Padre, sobre todo si lo hacemos por amor. Fue el amor, el amor

| Día 9 |

verdadero, lo que movió a Jesús a darle ese sí a su amado Padre. En el Getsemaní, Jesús es exprimido para sacar lo mejor de sí y asumir su rol de redentor y salvador del mundo, para cumplir su misión.

Los propósitos se asumen en tu lugar de prensado, porque es allí donde se prueba tu verdadero carácter, es allí donde sale a relucir de qué estás hecho, porque se requiere de una enorme fortaleza para asumir tu propósito cuando estás siendo prensado.

Getsemaní va a sacar lo mejor de ti, vas a ser exprimido para que le puedas dar lo mejor a Dios, luego lo mejor de ti a la humanidad, y al final, también sacará lo que sobra de ti, todo aquello que puedas dejar atrás y que luego se convertirá en tu testimonio de vida. Es en tu huerto de olivos donde se forma tu carácter y aceptas tu propósito, es allí donde te conviertes en quien estás destinado a ser.

Pensé que el año 2019 era mi desierto, pero no, yo pasé mi desierto ya, fue mi Getsemaní, mi lugar de prensado, donde se exprimió mi corazón para sacar lo mejor de él. Por eso aprendí a amar el dolor, no porque no me duela, sino porque es una muestra de amor de Dios, es así como el Padre me ha formado, por medio de la tribulación. No hay nadie en la Biblia que Dios haya utilizado para grandes propósitos y que no haya sufrido primero. Y es que el camino del silencio es un camino a tu Getsemaní.

Fue durante este silencio, en mi huerto de los olivos, donde el Padre bueno se dedicó a sanar mi corazón cuando estaba destrozado, llenándolo de su infinito amor. Fue en mi Getsemaní donde Jesús me inspiró para tener la determinación de reducir mis deudas en un 30% en el periodo de un año. Con un arduo esfuerzo y privándome de casi todo, pasé de tener 8 tarjetas de crédito a solo una. Y lo que vi antes como un fracaso, el de las dos compañías, hoy se ha convertido en una experiencia profesional que me ha permitido diseñar la plataforma para desarrollar un modelo de negocio, y hacer que mi propósito sea autosostenible.

| Día 9 |

El prensado es doloroso, lo sé, pero debes confiar, debes permanecer, la recompensa es eterna, te lo revela Siracides 2, 1-5:

"Si te has decidido a servir al Señor, prepárate para la prueba. Conserva recto tu corazón y sé decidido, no te pongas nervioso cuando vengan las dificultades. Apégate al Señor, no te apartes de él; si actúas así, arribarás a buen puerto al final de tus días. Acepta todo lo que te pase y sé paciente cuando te halles botado en el suelo. Porque así como el oro se purifica en el fuego, así también los que agradan a Dios pasan por el crisol de la humillación".

Mi amado lector, tú tienes un propósito, tienes una misión en este mundo que solo tú puedes llevar a cabo, te necesitamos. Este libro ha llegado a tus manos porque tú eres escogido por Dios para un gran propósito, y si aún desconoces cuál es, pídele al Padre que te hable en el silencio, que le hable a tu corazón. Confía en tu Getsemaní.

Estar con Dios no te garantiza que no vas a sufrir, al contrario, te lo garantiza, pero también puedes estar convencido que después de la prueba recibirás una recompensa eterna de Gloria, prometida para los que logran permanecer a pesar de la tribulación. Con toda honestidad te puedo asegurar que no existe en el mundo quien haya decidido seguir a Cristo y se haya arrepentido.

Cuando estés pasando por tu Getsemaní, ora, ora como Jesús. Ni siquiera el redentor del mundo dejó de orar en la tribulación, al contrario, intensificó su oración, al punto fue que sudó copiosas gotas de sangre. Getsemaní es tu punto de quiebre, tu punto de inflexión, y solo con la oración encontrarás la fuerza para vencer cualquier dificultad.

Creo en ti, y sé que tienes un propósito de vida, y si ahora estás viviendo tu Getsemaní, es porque ya ha comenzado.

Tu corazón se hace en el Getsemaní, en tu lugar de prensado. Ámalo y serás un nuevo ser, solo así te atreverás a vivir tu propósito, y eso, mi amado lector, es la mayor felicidad que vas a tener.

| Día 9 |

Quiero culminar este libro con las últimas palabras que el Padre me ha inspirado para ti en esta travesía:

"Porque tú vales mucho a mis ojos, yo doy a cambio tuyo vidas humanas, porque te amo y eres importante para mí. No temas pues, porque yo estoy contigo." Isaías 43, 4-5.

Ahora puedo contestar con certeza y convicción a la gran interrogante existencial con la que inició el preludio de esta historia:

Existes para ser amado.

PS: Tu Padre te ama, y te ama bonito, sé feliz.

Made in the USA
Columbia, SC
12 February 2023